딱 1억만 모읍시다

김경필 지음

돈쭐남의 목돈 마련 챌린지

경이로움

1억 원을 모으고 싶은
당신을 위한 머니 트레이닝

 ## 저축을 잘하기 위해서는
머니 트레이너가 필요하다!

공부, 운동, 저축에는 공통점이 있다. 바로 누구나 잘하고 싶어 한다는 것이다. 그 말은 공부, 운동, 저축이 쉽지만은 않다는 뜻이기도 하다.

이 3가지를 잘하기 위해서는 '반복'이 중요하다. 공부, 운동, 저축 모두 꾸준히 반복하는 게 핵심인 만큼, 중간에 포기하지 않도록 도와 줄 수 있는 트레이너가 필요하다. 방법을 가르쳐 주는 것도 트레이너의 역할이지만, 그보다 더 중요한 트레이너의 역할이 있다. 바로 지치지 않고 꾸준히 반복할 수 있도록 도와주는 역할이다. 사실 어떻게 하면 공부를 잘할 수 있는지, 어떻게 하면 운동으로 건강한 몸을 만들 수 있는지를 몰라서 못 하는 게 아니다. 공부, 운동 모두 꾸준히 반복하도록 하는 트레이닝 시스템이 필요한 분야이기 때문에 학교와 학원 선생님이 공부 트레이닝을, 헬스 트레이너가 운동 트레이닝을 한다. 그뿐만 아니라 이러한 트레이닝이 실효성이 있으려면 강제성이 있어야 한다. 어떠한 기술을 몸에 익혀서 무의식적으로도 반복할 수 있을 정도가 되려면 중도에 포기하지 않도록 강제성을 동반한 반복 훈련, 즉 트레이너와 함께하는 트레이닝이 필수다.

공부와 운동은 이처럼 강제적인 트레이닝을 위한 트레이너가 있지만, 저축은 아니다. 저축은 나 자신과의 약속이기 때문에 강제성이 부족하다. 대부분의 적금 상품이 일정 기간 정기적으로 불입해야 하는 조건이 있지만, 그 약속을 언제든지 깨더라도 불이익은 거의 없다. 저축은 나와 은행과의 약속이라기보다 나 자신과의 약속이기 때문이다. 나 자신과의 약속을 깨더라도 그 누구에게도 비난받지 않는다.

따라서 돈쭐남은 저축과 돈 관리에도 트레이닝의 개념, 그리고 강제성을 동반한 트레이닝을 시켜줄 트레이너가 필요하다고 생각했다. 그래서 15년 전부터 '머니 트레이너'라는 호칭을 사용하며 평범한 월급쟁이 직장인들이 자신과의 약속인 저축을 꾸준히 할 수 있는 트레이닝 시스템을 어떻게 만들지를 고민해 왔다. 그리고 그간의 고민과 노하우를 담은 게 바로 이 책이다. 누구나 머니 트레이닝으로 돈 관리를 잘할 수 있는 힘, 즉 저축 근력을 키울 수 있다면 적은 월급이라도 알차게 돈을 모으고 자본을 불려 나가는 데 큰 도움이 될 것이다.

돈쭐남이 고정적으로 출연 중인 유튜브 '부티플'의 〈김경필의 돈쭐남〉 코너는 감사하게도 2022년 5월 첫 영상 게시 이후 누적 조회 수가 4,000만 뷰를 넘을 정도로 많은 분에게 뜨거운 사랑과 관심을 받고 있다. 모든 댓글을 일일이 보지는 못하지만 심심치 않게 자주 눈에 띄는 댓글들이 있다. 바로 "오늘도 돈쭐나러 왔습니다(필자를 지칭하는 돈쭐남에게 혼쭐난다는 의미)." "1일 1혼쭐은 기본입니다." "매일 혼쭐나야 정신 차리고 살 수 있습니다"라는 식의 댓글이다. 이러한 댓글을 남기는 구독자들은 돈쭐남의 영상을 보면서 매일 자신의 돈 관리에서 잘못된 점을 발견하고 교정하며 자신이 약속한 목표를 지키려는 트레이닝을 돈쭐남에게 받고 있는 것이다. 이것이 바로 머니 트레이닝이다.

머니 트레이닝이 필요한 37가지 이유

즉 머니 트레이닝의 목표는 트레이닝을 반복하며 저축 근력을 키우는 데 있다. 헬스장에서 근력 운동을 해본 경험이 있는가? 처음에는

딱 1억만 모읍시다

가벼운 무게의 바벨을 들어 올리다가 점진적으로 무게를 높여가는 경험을 했을 것이다. 이것이 가능한 이유는 반복과 훈련으로 근력이 성장했기 때문이다.

돈을 모으고 관리하는 데도 분명 근력이 필요하다. 그 근력을 키우는 원리는 근력 운동과 같다. 처음에는 한 달에 단돈 50만 원을 저축하는 것도 힘들어 하던 사람이 꾸준히 저축을 반복하다 보면, 시간이 지나 월 100만 원 정도는 가볍게 저축할 수 있게 된다. 이것이 바로 머니 트레이닝이 추구하는 '꾸준히 저축을 할 수 있는 근력 성장'이다. 따라서 저축액은 항상 정액으로 유지하는 게 아니라, 점차 증가하는 저축 근력과 매년 소폭 인상하는 연봉에 맞추어 조금씩 늘리는 것을 목표로 해야 한다.

저축을 위한 트레이닝이 필요한 또 다른 이유가 있다. 저축을 방해하는 소비의 유혹을 차단하기 위해서다. 물론 반드시 필요한 소비가 있다. 하지만 우리가 소위 말하는 소비의 유혹에서 발생한 소비는, 시간이 지나고 보면 그다지 필요하지 않았던 것들이다. 이런 불필요한 소비의 유혹을 이겨내고 정해진 시간 동안 목돈을 만드는 일은 정말 중요하다. 즉 소비의 유혹을 이겨냈기 때문에 저축을 하는 게 아니라, 먼저 저축을 함으로써 소비의 유혹에서 벗어날 수 있게 되는 것이다.

머니 트레이닝은 투자의 유혹을 이겨내기 위해서도 필요하다. 최근에는 저축보다는 투자라는 이름으로 가장한 투기로 단기간 내에 자본을 늘리려는 사람이 많다. 사실 투자는 매우 매력적인 단어다. 자본주의 사회에서 부자는 곧 투자로 돈을 번 사람이라고 인식되기 때문이다.

하지만 분명한 사실은 우리가 생각하는 주식 투자는 투기에 가깝다는 것이다. 10년 전에 전기차 산업과 2차전지 산업이 성장할 미래를 내다보고 마치 사과나무 묘목을 심듯이 관련 주식을 사 모았는가? 사과나무는 심은 뒤 약 10년간 제대로 된 열매 수확을 기대하기 어렵다고 한다. 사과나무 키우듯이 오랜 시간을 견뎌 비로소 최근에 주가 상승으로 투자 수익이 발생했다면 그것은 분명히 투자가 맞다. 하지만 최근에 엄청나게 가격이 오른 주식을 불안함과 초조함, 혹은 나만 주식 투자를 하지 않아 뒤처지는 게 아닌가 하는 공포심으로 주식을 샀다면 그건 투자가 아니다. 비싸게 샀더라도 지금 유행하는 산업의 주식을 샀다는 안도와 위안을 가지게 되었다면 그것은 그냥 투기인 셈이다. 2021년 영끌족의 광적인 부동산 매수 열풍도 이러한 공포심에서 시작된 것임을 명심해야만 한다. 가진 돈뿐만 아니라 대출금으로 집을 산 영끌족의 미래는 금리가 인상되면서 어떻게 되었는가? 최근의 주식 시장을 보면서 내가 그 주식을 가지고 있지 않다는 아쉬움보다는 역사상 최고점이란 말이 결국은 역사상 최고로 위험한 상황이라는 사실에 주목할 필요가 있는 것이다.

이 책을 선택한 독자들은 돈쭐남과 함께 머니 트레이닝을 하며 저축 근력을 키우고 소비의 유혹과 투자의 유혹을 이겨내 보자. 어려운 상황 속에서도 목돈을 만들기 위해 저축을 반복한다는 것은, 불필요한 소비와 투기에 가까운 투자의 유혹을 이겨낸 것이다. 그러므로 자신과의 싸움에서 확실한 승리를 이루어 내고 자본소득으로 가는 첫 번째 관문인 1억 원을 달성할 수 있도록 머니 트레이닝은 필수다. 이제부터 돈쭐남은 이 책을 선택한 여러분의 머니 트레이너로서 본격적으로 머니 트레이닝을 시작하려고 한다.

머니 트레이너 김경필

목차

프롤로그 1억 원을 모으고 싶은 당신을 위한 머니 트레이닝   4

CHAPTER 1

자본소득으로 가는 첫 번째 허들인 '1억 원'부터 모으자!

▶ 소득 형태로 구분하는 새로운 경제 계층   17

▶ 월급이 적어도 꼭 1억 원 모으기를 해야 하는 이유   28

▶ 1억 원을 모으고 나면 생기는 5가지 변화   33

▶ 1억 원 모으기를 성공하게 만드는 5가지 마인드   48

CHAPTER 2
1억 원 모으기를 위해
바꾸어야 할 것들

▸ 간과하기 쉬운 10가지 과소비를 바로잡아라!   63

▸ 10가지 과소비를 안 해도 1억 원 모으기를 실패하는 이유   83

▸ 바로잡아야 하는 4가지 잘못된 경제 개념   92

▸ 돈을 모으지 못하도록 만드는 10가지 말버릇   108

▸ 주식 투자로 부자가 될 수 있다는 착각   119

CHAPTER 3

따라만 하면 성공하는
1억 원 모으기 핵심 방법

▶ 소득이 낮아도 가능한 1억 원 모으기   133

▶ 월 소득 200만 원대도 1억 원 모으기가 가능할까요?   141

▶ 대한민국 직장인의 5개년 저축 로드맵 만들기   148

▶ 1억 원 모으기에 활용할 수 있는 다양한 금융 상품   159

▶ 적은 월급에도 1억 원을 모은 사람들은 어떤 사람들일까?   171

CHAPTER 4

자수성가형 부자들의
성공 프로세스

▶ 부자가 되는 일은 과연 재능일까, 노력일까?   191

▶ 100% 자본소득 궤도에 진입해야 한다   196

▶ 자수성가형 부자가 중요시한 6가지 핵심가치   206

▶ 어설픈 주식쟁이가 저축쟁이를 절대 이기지 못하는 이유   224

CHAPTER 5

1억 원을 10억 원으로 만드는
가장 빠른 방법

▶ 10억 원을 모으는 방법은 좀 더 다양하다   239

▶ 앞으로의 30년을 주도할 메가 트렌드를 알아야 한다   250

▶ 대한민국 부동산 시장의 미래: 아파트의 재부상   265

▶ 대한민국 아파트의 가치를 결정하는 요소   271

에필로그 의심하지 말고 일단 시작하라!   280

CHAPTER 1

자본소득으로 가는 첫 번째 허들인 '1억 원'부터 모으자!

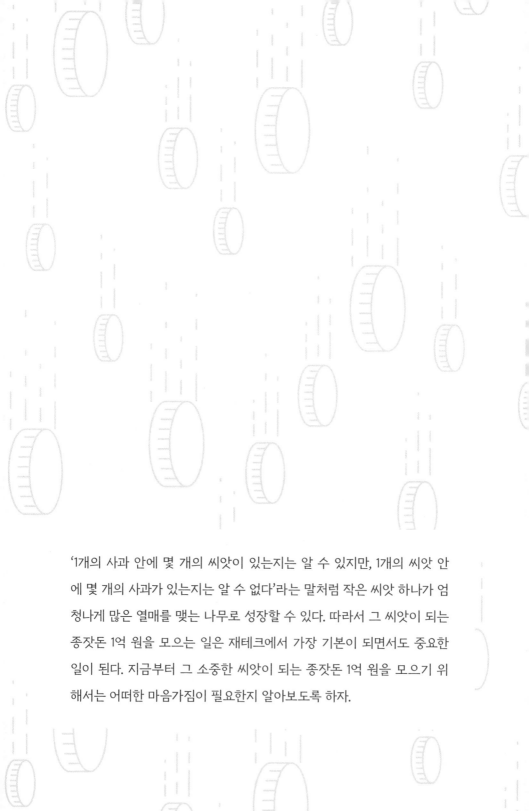

'1개의 사과 안에 몇 개의 씨앗이 있는지는 알 수 있지만, 1개의 씨앗 안에 몇 개의 사과가 있는지는 알 수 없다'라는 말처럼 작은 씨앗 하나가 엄청나게 많은 열매를 맺는 나무로 성장할 수 있다. 따라서 그 씨앗이 되는 종잣돈 1억 원을 모으는 일은 재테크에서 가장 기본이 되면서도 중요한 일이 된다. 지금부터 그 소중한 씨앗이 되는 종잣돈 1억 원을 모으기 위해서는 어떠한 마음가짐이 필요한지 알아보도록 하자.

소득 형태로 구분하는
새로운 경제 계층

 경제적 목표 달성을 위한
이정표로서의 경제 계층

돈쭐남은 경제적으로 안정되기 위해서는, 혹은 부자가 되기 위해서는 가장 먼저 '1억 원'을 모아야 한다고 방송, 유튜브, 인터뷰 등 여러 채널에서 수차례 강조했다.

그렇다면 왜 1억 원부터 모아야 할까? 만일 여러분이 이 질문에 확실한 답을 할 수 없다면 아마도 1억 원 모으기를 시작조차 할 수 없을 것이다. 1억 원 모으기가 하루 이틀 걸리는 일도 아닐 텐데 자신조차 설득하지 못하면 시작뿐만 아니라 목표 달성을 위해 꾸준히 노력할 원동력이 없기 때문이다. 목숨 걸고 에베레스트 산을 등반하는 산악인의 마음속에 '왜 정상에 올라야 하는가?'라는 질문에 대한 확실한 답이 없는 것과 같다.

'왜 1억 원부터 모아야 할까?'라는 질문에 돈쭐남은 이렇게 답하고 싶다. "더 나은 경제적 안정을 위해서 우선 1억 원부터 모아야 한다." 구체적으로 말하면 "여러분은 반드시 중산층이 되어야 하기 때문에 우선 1억 원부터 모아야 한다"라고 말하고 싶다. 중산층이 되는 것은 평범한 사람이 부자가 되기 전에 꼭 거쳐야 하는 과정으로 생각하는 목표다. 해발 8,848m의 에베레스트 산 정상을 오르기 위해서는 우선 해발 5,000m 이상에 위치하는 베이스캠프에 올라야 하는 것과 같은 것이다.

경제력으로 계층을 나눌 때 흔히 부유층, 중산층, 서민층으로 구분하는 게 일반적이다. 여기에서 그 기준점이 되는 것은 단연 자산의 크기다. 얼마나 많은 자산을 가지고 있는지가 경제력으로 계층을 구분하는 기준인 것이다.

하지만 2008년 이후 전 세계는 한 번도 겪어보지 못한 저금리의 세상에 진입했다. 또한 2020년 전 세계를 패닉에 빠트린 코로나19 팬데믹으로 기준금리가 1%도 되지 않는 그야말로 초저금리의 세상이 되어버렸다. 비정상적으로 낮아진 금리는 2022년부터 다시 높아지고 있지만, 아직 저금리 시대가 완전히 끝났다고 보기는 어렵다.

금리가 과거에 비해 낮아졌다는 것은 자산에서 나오는 소득이 줄어들었다는 말이므로, 자산보다 소득이 훨씬 중요해지는 시대가 열리고 있음을 말해준다.

과거에는 큰돈을 가진 사람이 은행에 예금만 해도 이자소득으로 평생 살아갈 수 있었다. 또 조그마한 상가라도 하나 있으면 임대소득을 받아서 평생 떵떵거리며 살 수 있었다. 이처럼 과거에는 자산소득 하나로도 평생 먹고 살 수 있었던 이유는 지금보다 상당한 고금리 사회였기 때문이다. 반대로 전반적으로 과거에 비해 금리가 낮은 현재 상황에서는 그만큼 자산에서 나오는 수익률도 많이 낮아졌음을 의미한다. 그러므로 저금리 사회인 최근에는 자산 수익률이 낮아지고 자산소득의 변동성도 커지면서 이제는 더 이상 자산소득만으로 경제적으로 안정된 생활을 하기에 어려움이 있다. 게다가 평생 직장의 개념이 희박해지고 평균 수명이 길어지면서, 이제는 분명히 자산보다는 소득이 더욱 중요해진 것이다.

따라서 돈쭐남은 이제는 경제 계층을 자산이 아닌 '소득'으로 구분하는 방식으로 바뀌어야 한다고 생각한다. 그렇다면 소득으로 어떻게 경제 계층을 구분할 수 있을까? 소득의 크기가 상위 30%이면 부유층, 30~70%이면 중산층, 30% 이하이면 서민층으로 구분하면 될까? 아니다. 모든 경제 문제에는 절대가치가 아닌 상대가치가 적용되어야 한다. 만일 절대가치를 기준으로 삼으면 돈이 많은 순서대로 행복한 게 되므로 재벌이 세상에서 제일 행복하다는 결론이 나온다. 그런데 과연 그게 맞을까? 돈이 많은 부자라고 하루 48시간을 사는 게 아니다. 행복이란 지극히 상대적인 것이다. 따라서 돈쭐남은 소득의 크기보다는 '소득의 형태'로 경제 계층을 구분해야 한다고 생각한다. 그래야만 꾸준히 돈을 모을 수 있고 계속해서 자산을 불리려는 동기부여가 될 것이다.

이 책에서 경제 계층을 구분하는 것은 계층 간 편 가르기를 하자는 게 아니라 여러분이 추구하는 경제적 안정을 위한 진짜 목표를 세우기 위해서다. 마라톤을 할 때 현재 몇 km 지점을 지나고 있는지 알 수 있도록 코스 중간에 이정표가 세우듯이, 경제 계층을 구분하는 것은 여러분의 목표를 분명하게 해서 더 힘을 낼 수 있는 원동력으로 삼기 위함이다. '모든 사람이 입만 열면 입버릇처럼 부자나 부유층이 되는 게 목표라고 하는데, 이것을 좀 더 현실적으로 도전 가능하도록 목표를 잘게 썰어서 단계별로 달성해 나가면 어떨까?' 하는 생각으로 돈쭐남은 신경제 계층을 제안한다. 당연한 말이겠지만 모든 자수성가형 부자는 부자가 되기 전에 '중산층'이란 중간 과정을 거쳐서 그 자리에 올라갔다. 그러므로 여러분도 가장 먼저 중산층으로 진입하는 것을 첫 번째 목표로 삼아야 한다.

🪙 돈쭐남이 제안하는
소득 형태로 구분하는 신경제 계층

돈쭐남이 제안하는 소득 형태에 따른 신新경제 계층은 다음과 같다.

딱 1억만 모읍시다

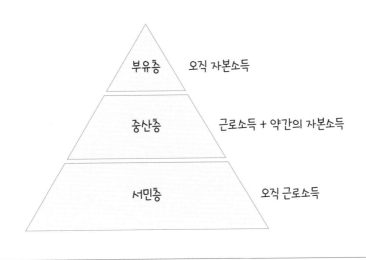

부유층은 영어로 'Upper class'라고 하는데, 말 그대로 '위에 있는 계층'이란 뜻이다. 중산층 'Middle class'로 '중간에 있는 계층'이란 뜻이다. 그렇다면 서민층은 영어로 무엇일까? 많은 사람이 서민을 보통 사람이라고 생각해서 'Ordinary people'이라고 생각하는데, 사실 서민층은 'Working class'다. 그러므로 일을 한다면 모두 서민인 것이다. 여기서 'Working'은 바로 생계형 경제활동을 의미한다. 따라서 근로소득으로 연 1억 원을 넘게 벌더라도 생계를 오로지 Working에만 의존한다면 그 사람은 아직 서민층이란 뜻이다.

그렇다면 부유층은 어떨까? 부유층은 생계를 오로지 자본소득에 의존하는 사람이다. 근로소득에만 의존하는 서민층과 극명한 대비다. 그렇다면 도대체 매일 아침마다 재벌 회장님들이 회사에 출근해서 하는 것은 일이 아니고 무엇이란 말인가? 출근해서 받는 월급이 끊긴다고 해서 그들의 생계를 위협받는 게 아니니, 그것은 Working이라기보다는 Living이다.

중산층은 근로소득 외에 약간의 자본소득이 있는 사람을 말한다. 물론 자본소득만으로 생계를 이어갈 수는 없지만 어느 정도 자본소득이 발생한다는 것은 언젠가 근로소득이 사라지더라도 부유층처럼 오로지 자본소득으로 생활할 수 있을 가능성이 있는, 어쩌면 예비 부유층인 셈이다.

자산이나 소득의 크기로만 경제 계층을 구분한다면, 월 300만 원의 공무원 연금을 받으며 소박하지만 나름대로 행복하게 노년을 보내는 노인이 부유층으로 분류될 일은 없을 것이다. 하지만 돈쭐남이 제안하는 기준으로 보면 그 노인은 단박에 부유층이 된다. 월 200만 원 정도의 적은 돈으로도 스스로 행복할 수 있다면 그들 역시 부유층이다. 하지만 아무리 많은 돈을 벌더라도 만족하지 못하고 매번 돈이 모자란다고 투덜거린다면, 외제차를 끌며 해외 여행을 밥 먹듯이 가지만 그 생활을 유지하기 위해 나이 먹어서도 하기 싫은 생계형 경제활동을 이어간다면, 그들은 여전히 서민층인 것이다. 그러므로 적어도 이 책을 보는 여러분은, 오로지 근로소득에만 의존하지 않는 중산층에 진입하는 것을 부자가 되기 위한 첫 번째 목표로 삼아야 한다.

딱 1억만 모읍시다

중산층으로 가기 위한 첫 번째 목표: 1억 원 모으기

앞서 부자가 되기 위해서는 가장 먼저 1억 원을 모아야 한다고 말했다. 즉 부자가 되기 위한 첫 번째 목표인 중산층으로 진입하기 위해서는 1억 원을 모아야 된다.

1억 원이 내포하는 의미

그렇다면 왜 1억 원일까? 본격적인 이야기에 앞서 돈쭐남이 생각하는 '억'의 의미를 이야기해 보고자 한다. 돈쭐남은 '억'의 한자인 '億'을 유심히 들여다본 적이 있다. 한자는 상형 문자이자 뜻을 나타내는 표의 문자로, 글자를 들여다보면 그 진짜 의미를 알게 되는 경우가 종종 있기 때문이다. 그래서 '億'을 자세히 살펴보니 '億' 안에 또 다시 4개의 한자가 들어 있음을 알 수 있었다.

億(억) = 人(사람) + 日(매일) + 心(마음) + 立(세움)

이 뜻을 해석하자면, '억'이란 사람이 매일같이 마음을 다시 세울 수 있을 만한 큰돈이란 뜻이 된다. 다시 말해 매일 동기부여가 될 수 있게 하는 돈이란 뜻이다. 물론 지극히 돈쭐남의 개인적인 생각이지만, 분명히 비슷한 의미를 내포하고 있을 거라 어느 정도 확신한다.

중산층이 되기 위한 자본소득의 크기

돈쭐남은 근로소득과 약간의 자본소득으로 생계를 의존하는 경제 계층을 중산층이라고 말했다. 그렇다면 부유층으로 가기 위한 첫 번째 목표로 삼아야 하는 중산층이 되려면 어느 정도의 자본소득이 있어야 할까?

생각해 보자. 사람들에게 자본소득이 있냐고 물어보면 대부분 "그렇다"라고 답한다. "세전 이자율 연 4%짜리 예금 통장에 5,000만 원 정도 예금해 두니 1년에 이자가 200만 원 정도 나와요!"라며 자신 있게 말한다. 물론 이것도 자본소득이다. 일정한 자산에서 꾸준히 현금 흐름이 발생한다면 그것이 곧 자본소득이기 때문이다. 그러므로 예금의 이자, 주식의 배당, 부동산의 임대료 모두 자본소득이다. 하지만 중산층의 조건인 근로소득 이외의 자본소득은 자신이 근로소득을 벌어들이는 일을 멈추더라도 1년 정도는 그 자본소득으로 최소한의 생활을 할 수 있을 정도의 크기가 되어야 하지 않을까?

김나연(가명, 37세) 씨는 얼마 전 건강 문제로 1년간 휴직하기로 결정했다. 최근에 흔히 디스크라고 말하는 추간판 탈출증을 진단받아 수술을 받게 되었기 때문이다. 10년 넘게 직장생활을 하면서 생긴 번아웃 증후군을 치료하고 누적된 과로 회복하기 위해 한 달간 병가를 내고 재충전의 시기를 가지기로 결정했다.

건강상의 이유라고 하지만 1년씩이나 휴직한다는 것은 쉽지 않은 결정이었다. 그러나 그녀가 이런 결정을 과감하게 내릴 수 있었던 이유는 적지 않은 자본소득이 발생하고 있었기 때문이다. 경기도에 그녀 명의의 오피스텔 있어 꾸준히 월세를 받고 있었고, 은행에 예치한 예금도 있어 근로소득 외 매달 170만 원 정도 소득이 있었다. 물론 그 소득만으로 평생 일을 안 하면서 살 수는 없겠지만, 10년간 고생한 자신에게 1년 정도의 휴식과 재충전의 시간을 선물할 수 있을 정도는 된다고 생각해 그녀는 휴직을 결심했다.

그녀의 사례에서 볼 수 있듯이, 풍족하지는 않더라도 근로소득 없이도 당분간 생활을 이어갈 수 있을 정도의 최소한의 자본소득이 있어야만 중산층이라고 말할 수 있지 않을까?

2024년도 기본생계비의 기준은 다음과 같다. 참고로 기본생계비란, 인간다운 생활을 유지하기 위해 필요한 생계비를 말하며, 채무자의 가용소득으로 잡지 않는다. 즉 최저생계비를 의미한다.

가구원별 기본생계비
- 1인 가구: 월 133만 7,067원(연 1,604만 4,804원)
- 2인 가구: 월 220만 9,565원(연 2,651만 4,780원)
- 3인 가구: 월 282만 8,794원(연 3,394만 5,528원)
- 4인 가구: 월 343만 7,948원(연 4,125만 5,376원)

김나연 씨 사례처럼 1인 가구를 기준으로 보자면 최소한 1년 정도 자신의 근로소득이 일시적으로 멈추더라도 최소한의 생계를 위한 생활비 약 1,604만 원(약 월 133만 원)이 자본소득에서 나오는 수준의 자산을 가진 사람, 그 사람이 바로 중산층인 것이다.

중산층이 되기 위한 자산의 크기

그렇다면 그 정도의 자본소득이 나오기 위해 얼마의 자산을 가지고 있어야 하는 것일까? 물론 자본소득이란 예금의 이자뿐만 아니라 주식의 배당 그리고 위의 사례에서 보듯이 부동산 임대소득이 모두 포함되는 개념이지만, 주식이나 부동산은 변동성이 크므로 일단은 현재의 기준금리 수준인 3.5%를 1년 예금 이자율로 가정해 계산해 보자. 1인 가구라면 근로소득 발생이 일시적으로 멈추더라도 기본생계비인 연간 1,604만 원이 자본소득으로 나와야 한다. 참고로 편의상 이자소득세를 계산하지 않았기 때문에 실제로 필요한 돈은 더 많다.

기본생계비를 충당하기 위해 필요한 자본소득

- 1인 가구: 기본생계비 약 1,604만 원÷0.035(세전 이자율 연 3.5%)
    = 약 4억 5,829만 원
- 2인 가구: 기본생계비 약 2,651만 원÷0.035(세전 이자율 연 3.5%)
    = 약 7억 5,743만 원
- 3인 가구: 기본생계비 약 3,394만 원÷0.035(세전 이자율 연 3.5%)
    = 약 9억 6,971만 원
- 4인 가구: 기본생계비 약 4,125만 원÷0.035(세전 이자율 연 3.5%)
    = 약 11억 7,856만 원

즉 1인 가구는 약 4억 6,000만 원이 있어야 비로소 중산층에 진입할 수 있다. 2인 가구 이상이라면 그 기준이 더 높다. 앞서 말한 이 기준을 너무 높다고 생각하거나, 반대로 생각보다 기준이 많이 높지 않다고 생각하는 사람이 있을 것이다. 그런데 여기서 반드시 알아두어야 할 게 있다. 4억 6,000만 원이 있더라도 모두 전세금으로 사용되어 이 돈으로는 더 이상 자본소득이 발생하지 않는다면 의미가 없다는 사실이다. 그러니까 무조건 4억 6,000만 원 있다고 중산층이 되는 게 아니라 실제로 자본소득이 발생할 수 있는 예금이나 주식, 그리고 임대용 부동산과 같은 자산으로 보유해야 한다는 것이다. 그렇게 생각한다면 1인 가구 기준으로 중산층에 진입하기 위한 금액인 4억 6,000만 원이 아마도 아주 낮은 수준은 아닐 것이다.

중산층이 되기 위해서는 어떤 상황이나 조건을 막론하고 앞서 소개한 가구원별 기본생계비는 자본소득으로 무조건 달성이 되어야 하는 필수 불가결한 요소다. 돈쫄남은 이 수준에 오르는 첫 단추를 꿰는 일로 1억 원 모으기를 제안한다. 중산층으로 올라가기 위한 사다리에 올라타기 위해서는 우선 1억 원을 모아야 한다는 말이다. 지금부터 그 이유를 설명하도록 하겠다.

월급이 적어도 꼭 1억 원 모으기를 해야 하는 이유

여러분의 인생을 바꿀 종잣돈: 1억 원

우리가 미디어에서 쉽게 접하는 소재 중 하나가 바로 인기 연예인들과 스포츠 스타들의 일상이다. 그중에서도 빠지지 않는 게 있다면 어떤 연예인이 수백억 원의 빌딩을 샀다거나, 어떤 스포츠 스타가 수백억 원의 연봉을 받고 이적을 했다는 등의 이야기일 것이다. 이런 이야기에 등장하는 숫자를 들으면 1억 원의 가치가 정말 작게 느껴질

딱 1억만 모읍시다

때도 있다. 그런 뉴스를 오랜 시간 접한 후에 1억 원을 모아보자는 돈 쭐남의 말을 들으면 허탈한 느낌마저 들 수 있다. 그럼에도 큰맘 먹고 악착같이 1억 원을 모았는데 그 연예인이나 스포츠 스타처럼 다시 한번 수십억 원, 수백억 원을 모을 생각하니, 오르지 못할 나무는 아예 쳐다도 보지도 말라는 마음의 소리에 반응하며 현실과 이상의 사이에서 가끔은 우울해지기도 한다. 그래서 대부분 1억 원 모으기를 지레 포기하고 마는 것이다.

하지만 분명한 것은 1억 원이란 가장 확실한 종잣돈을 만들면 미래에 상상도 못할 놀라운 변화가 여러분에게 생길 수 있다는 사실이다. 1개의 씨앗이 얼마나 많은 열매로 맺어질지는 아무도 모른다. 자산 규모가 일정 수준에 오르게 되면 그 이후에 생길 수 있는 변화의 경우의 수는 정말 수백수천 가지이기 때문이다. 오랫동안 꽉 닫혀 있던 병뚜껑을 열려면 아주 강한 힘 딱 한 번이 필요하다. 그 힘이 1,000이라고 가정한다면, 한 번에 1,000의 힘을 주어야만 병뚜껑이 열린다. 300의 힘을 10번 주어서 총 3,000의 힘을 쏟는다고 해서, 300의 힘을 20번 힘을 주어서 총 6,000의 힘을 쏟는다고 해서 병뚜껑은 절대 열리지 않는다. 병뚜껑을 열기 위해서는 1,000의 힘이 단 한 번 필요한 것일 뿐이다. 같은 맥락으로 여러분의 인생을 바꿀 힘은 1,000만 원, 2,000만 원이 아닌 바로 1억 원이라는 종잣돈이다.

월급이 250만 원밖에 안 되기 때문에
반드시 1억 원을 모아야 한다

돈쭐남은 종종 "월급이 250만 원밖에 안 되는데 1억 원 모으기에 도전해야 할까요?"라는 질문을 받는다. 돈쭐남에게는 이 질문에 대한 대답이 세상의 그 어떤 질문보다 대답하기 가장 쉽다. 왜냐하면 이 질문 안에 정답이 들어 있기 때문이다. 돈쭐남의 대답은 바로 이것이다.

> "월급이 250만 원 밖에 안되기 때문에
> 반드시 1억 원을 모아야 합니다"

월급이 적어 돈 모으기 힘들다는 사람 대부분은 "사회 초년생이라서 월급이 적어요." "중소기업에 다녀서 월급이 적어요" 등 상황 탓을 한다. 그런데 월급이 적으니까 자본소득을 늘리기 위해서 남들보다 더 절실하고 간절하게 최소한의 자본 1억 원이 필요한 게 아닐까? 이렇게나 남들보다 불리한 조건인데 종잣돈 1억 원도 없다면 앞으로 어떻게 하겠느냐는 말이다.

정말 안타까운 일이지만 적은 월급으로 미래를 위한 준비를 포기하고 근근이 현재를 즐기는 사람도 종종 본다. 그들은 "제가 결혼을 할 것도 아니고, 집을 살 것도 아니라서 지금 생활에 만족해요." "제 월급이 많지는 않지만 저 혼자 쓰기는 딱 좋아요!"라고 말한다.

딱 1억만 모읍시다

불안한 미래에 늘 걱정을 앞세워 사느니, 몇 가지를 내려놓으면 오늘을 만족하며 행복하게 살 수 있다는 마인드인 것이다.

여러분은 이러한 마인드로 세상을 살아가는 게 현명하다고 생각하는가? 이것은 노인의 마인드다. 70~80년 동안 세상의 무게를 짊어지고 살아온 노인이, 더 이상 세상에 맞서 싸울 힘을 잃는 순간에 인생에 찾아온 어려움과 타협하고 적응하는 것과 같다. 인간에게는 누구나 이런 시기가 오지만, 살아갈 날이 아직 많이 남은 20~30대 청년들에게 이런 이야기를 들을 때마다 정말 슬픈 현실이라 생각한다.

물론 현실의 벽이 마음 몇 번 굳게 먹는다고 단박에 바뀌지 않는다는 사실을 돈쭐남도 잘 안다. 그렇다고 해도 현실 장벽을 바로 수긍하고 노력하지 않는 것은 바람직하지 못하다고 생각한다. 자신의 앞을 가로막는 장애물을 넘기 위해서 열정을 가지고 분투하고, 당장 그 장애물을 넘지 못할지언정 그 장애물에 굴복하지 않는 게 20~30대 청년들이 가져야 하는 삶의 자세다.

돈쭐남이 1억 원 모으기를 왜 이렇게 거창하게 이야기하는 것일까? 그만큼 이 문제는 소득이 낮을수록 간절하고 중요한 일이기 때문이다. 누구나 경제활동을 시작하고 아무 자본이 없는 자신에게 무력감을 느낀 적이 있을 것이다. 특히나 적은 월급을 받고 있다면 더욱 그렇다. '이 적은 돈을 모아서 도대체 언제 부자가 될까?' 하는 생각 때문이다.

민간 항공기의 평균 속도는 무려 시속 800~1,000km다. 항공기가 이런 엄청난 속도로 비행할 수 있는 이유는 무엇일까? 바로 항공기가 비행하는 곳은 기권氣圈의 공기 대부분이 모여 있어 공기 저항이 있는 대류권과 달리, 공기 저항이 거의 없는 성층권이기 때문이다. 그렇다면 항공기는 어떻게 그곳까지 올라갈 수 있을까? 항공기가 상공 10km까지 올라가는 것을 우리는 이륙이라고 한다. 무거운 기체를 상공 10Km까지 올려놓기 위해서는 아주 많은 에너지가 필요하다. 잘 알겠지만 항공기가 이륙할 때 나는 엔진음은 엄청난 에너지를 쏟아붓는 듯한 굉음이다. 그 무거운 기체를 대류권에서 성층권까지 끌어올리기 위한 분투와 노력인 것이다. 앞서 말한 것처럼 적은 월급으로 1억 원이라는 자본을 모으기 위해 엄청난 분투와 노력을 하는 것과 비슷하다. 항공기에게 이륙이란 비행을 위한 필수 조건이다. 선택이 아니란 뜻이다. 하지만 많은 에너지를 쏟아부어 결국에 성층권까지 올라간다면, 그때부터는 아주 적은 에너지로도 실로 엄청난 속도를 내어 비행할 수 있게 된다.

항공기가 대류권에서 비행한다면 미국까지 가는 데 아마도 일주일이 넘게 걸릴지도 모르겠다. 하지만 항공기는 이륙 후 기상이 안정적인 성층권에 진입한다면 기상이 불안정한 대류권과는 완전히 달라진 환경에서 빠르고 안정적이게 비행할 수 있다. 마찬가지로 자본소득으로 가는 첫걸음인 1억 원의 종잣돈을 모을 수 있다면, 여러분은 완전히 다른 세상을 만날 수 있을 것이라 돈쭐남은 확신한다.

딱 1억만 모읍시다

1억 원을 모으고 나면 생기는 5가지 변화

돈쭐남은 오랫동안 기업 강의를 해왔다. 2022년 엔데믹에 가까워지는 시기에 돈쭐남이 했던 강연 주제는 주로 '올바른 경제 개념 만들기'와 '1억 원 모으기'였다. 강연이 끝나면 돈쭐남에게 여러 질문이 쏟아졌는데, 그중에서 꼭 빠지지 않고 등장하는 단골 질문이 있었다. 바로 "1억 원을 모으고 난 다음에는 어떻게 해요?"라는 질문이다. 이런 질문을 받으면 돈쭐남은 반가운 마음에 "와우! 1억 원을 모으셨나 봐요?"라고 되물었다. 하지만 대부분 "아, 아니요. 그냥 궁금해서…"라고 답했다.

희한하게도 이 질문을 하는 사람의 99%는 아직 1억 원을 모으지 못한 사람이었다. 사실 1억 원 모으기를 시작조차 안 한 사람이 대부분이다. 오히려 1억 원을 모은 사람은 이런 질문을 하지 않는다. 돈쭐남이 여러 직장인을 만나보고 알게 된 사실인데, 생각보다 우리 주변에 1억 원을 모은 사람도 꽤 있다. 그들은 자신이 1억 원으로 어떻게 할지 나름의 계획과 로드맵을 세운다. 간혹 1억 원은 모았지만 아직 마땅한 투자 방법이나 활용 방안이 떠오르지 않는다고 돈쭐남에게 호소하는 사람이 있다. 그러나 적어도 1억 원이 있으면 손에 돈 한 푼 없을 때보다는 다양한 생각이 머리에 떠오른다. 자신이 생각한 방법이 옳은지 자문을 구하기도 하고 또 다른 돈 관리 대안은 없는지를 궁금해 하기도 하지만, 적어도 1억 원을 가지고도 아무런 감을 못 잡는 경우는 드물다. 1억 원을 하루 이틀만에 모으지는 않았을 테니, 돈을 다 모으면 어떻게 해야 할지 꾸준히 생각하고 고민해 온 결과일 것이다.

반면에 아예 1억 원 모으기를 생각조차도 안 한 사람의 마음속에는 기본적으로 1억 원 모으기에 대한 불신이 자리 잡고 있다. '1억 원을 모은다고 뭐가 달라지겠어? 그게 10억 원도 아니고, 100억 원도 아닌데…' 이런 말을 들으면 포도 따 먹기를 실패한 여우가 포도가 시어서 맛이 없기 때문에 딸 필요가 없다고 스스로를 속인 『이솝 우화』 속 「여우와 신 포도」 이야기가 생각난다.

물론 1억 원을 모았다고 모든 게 단박에 명확해지고 드라마틱한 변화가 생기는 건 아니다. 하지만 돈쭐남이 여러 번 반복해서 말했듯

딱 1억만 모읍시다

이, 분명한 건 그 전과는 상황이 확실히 달라진다는 것이다. 지금부터 1억 원을 모으고 난 뒤에 생기는 5가지 변화를 소개하겠다.

변화 1: 소득이 증가하는 효과가 생긴다

35세 이전의 직장인들에게 자신의 커리어를 관리하기 위한 이직이 필수인 시대가 되었다. 자신의 연봉 관리도 커리어 관리에 포함되는 개념이므로, 연봉 500만 원 인상을 제안받으면 다니던 회사를 미련 없이 떠나는 경우도 많다. 내 몸값을 조금이라도 더 인정해 주는 회사로 옮기는 일은 결코 비난받을 일이 아니다.

　하지만 자기계발 차원이 아닌 단순히 연봉을 높이기 위한 목적 하나로 이직을 준비하는 사람이 많다. 직장생활과 이직 준비를 겸하는 것은 매우 힘든 일인데, 자신의 직무 능력 향상을 위한 목적이 아닌 단순히 돈만을 생각한 이직은 오히려 나중에 커리어에 악영향을 끼칠 수 있다.

　만약에 오직 연봉을 높이기 위해 이직을 준비하는 사람에게 1억 원이 있다고 가정해 보자. 이 돈을 1금융권보다 높은 이자를 주는 저축은행이나 신협, 새마을금고 같은 2금융권에 예금한다면 세전 이자율 연 4%로 계산했을 때 1년에 세전 약 400만 원 정도의 금융소득이 발생한다. 즉 1억 원이 없는 사람에 비해 근로소득 외에 금융소득으로 연 소득이 세전 400만 원 정도 늘어나는 셈이 된다. 굳이 힘들게, 그리고 커리어에 악영향을 미칠 위험을 감수하면서 이직하지 않아도, 그만큼의 추가 소득이 발생하는 것이다.

1억 원 예금 시 연 이자

- 1금융권(iM뱅크 기준):

  세전 이자율 연 3.81%, 세후 연 332만 3,260원
- 2금융권(에큐온저축은행 기준):

  세전 이자율 연 3.95%, 세후 연 334만 1,700원

※ 2024년 8월 9일 기준

1억 원으로 소득 상승 효과를 누린 돈쭐남이 만난 한 상담자를 소개하겠다.

이수현(가명, 33세) 씨는 부모님에게서 최근 독립했다. 이직에 성공해 새로운 회사와 높은 연봉으로 계약했는데, 새 회사가 부모님과 함께 살던 집과 매우 멀어 도저히 집에서 출퇴근을 할 수가 없었기 때문이다. 그래서 그녀는 그동안 모은 돈 전부인 1억 원을 전세금으로 사용해 자취방을 구했다. 1억 원을 전세금으로 사용하고 나니 크지 않지만 그간 벌어들이던 금융소득이 사라지게 되었다. 그럼에도 이직으로 연봉 상승액이 1,000만 원이 넘어서, 1억 원을 모두 자취방을 구하는 데 사용할 수밖에 없었다.

딱 1억만 모읍시다

그녀가 1억 원을 모두 자취방 구하는 데 써버렸으니 더 이상 300~400만 원의 금융소득이 발생하지 않아 연봉 상승의 효과가 없다고 생각하는가? 그렇지 않다. 만일 그녀가 1억 원을 모으지 않았더라면 그녀는 자취방을 구하기 위해 1억 원만큼 금융 기관에서 대출을 받아야 했을 것이다. 최근 금리가 낮아졌다고 해도 일반적인 대출금리가 5~6% 수준인 점을 감안하면 최소한 이자로 연 500~600만 원, 월 40~50만 원을 납부해야 한다. 만일 반전세로 자취방을 구했다고 해도, 보증금대출 이자와 월세를 합해 연간 600~700만 원을 지출했어야 한다. 그러므로 그녀가 모은 1억 원은 여전히 그녀에게 연간 600~700만 원의 소득 상승 효과를 주고 있는 셈이다.

이처럼 1억 원을 모은 사람은 그렇지 않은 사람에 비해 적게는 1년에 300~400만 원, 많게는 600~700만 원의 소득 상승 효과를 가지게 한다. 여러분이 생각하기에 추가 연 소득 500~600만 원이 과연 적은 돈인가?

 변화 2:
더 나은 인생을 위한 선택권이 늘어난다

세상에는 내가 할 수 있는데 하지 않는 일과 할 수 없어서 못 하는 일이 있는데, 이 둘은 완전히 다르다. 1억 원이라는 목돈을 손에 쥐게 되면 과거와는 달리 내가 할 수 있는 새로운 일들이 보이기 시작하니 세상이 달리 보인다.

결혼을 꿈에도 생각하지 않았는데 1억 원을 모으고 나니 '연인에게 청혼해 볼까?' 하는 용기가 생겼다는 직장인의 이야기를 들은 적이 있다. 물론 1억 원을 모으자마자 그 사람이 결혼했다는 말은 아니다. 중요한 사실은 1억 원을 모으기 전에는 자신의 인생에서 생각해 본 적이 없던 결혼이란 선택지가 하나의 가능성으로 머릿속에 들어오게 되었다는 사실이다. 내가 1억 원을 모았다면, 더 나아가 내가 마음에 둔 그 상대방도 그 정도의 목돈이 있다면, 절대적으로 넉넉하지는 않아도 결혼이란 그림을 머릿속에 그려볼 수는 있지 않을까? 이런 가능성이 있는 삶을 꿈꿀 수 있는 게 진정한 인생의 행복이다.

내 집 마련은 모두의 소망이자 꿈이다. 1억 원이라는 목돈이 없을 때는 아파트 공사 현장을 보거나 사람들의 관심을 끄는 청약 공고를 마주하게 되더라도, 나와는 아무런 상관이 없는 것으로 여기게 된다. 하지만 1억 원을 모으고 나면 청약 당첨을 100% 확신할 수 없더라도 '운 좋게 당첨이 된다면 어떨까?'라는 행복한 상상을 한다. 청약에 당첨되었다고 해서 당장 분양가 전액을 납부해야 하는 게 아니다. 집을 짓는 동안 나누어서 납부하게 되는데, 중도금과 잔금의 상당 부분을 대출에 의존할 수 있다. 하지만 계약금 정도는 자기 부담금으로 넣을 수 있어야 하기에, 1억 원조차 없던 때는 아예 청약 신청과 당첨을 상상조차 하기 힘들다. 이처럼 1억 원을 모으고 나면 이 또한 하나의 선택지이자 인생의 가능성이 생기게 되는 것이다.

김대윤(가명, 34세) 씨는 해운 회사에서 해외 물류 업무를 담당하는 직장인이다. 그는 3년 전부터 부업으로 온라인 커머스를 시작했다. 흔히 말하는 N잡러가 된 것이다. 처음에는 호기심에 용돈이나 벌어 볼 요량으로 시작했는데, 이제는 규모가 꽤 커져서 육아 휴직 중인 아내와 함께 본격적으로 사업화를 생각하는 단계까지 이르렀다. 이러한 생각을 하게 된 계기는 그동안 전세금 상승에 대비해서 모아온 돈이 드디어 1억 원을 돌파했기 때문이다.

파트타이머처럼 시간제 N잡이 아니라 비즈니스로 성장형 N잡을 하려는 사람이 창업의 꿈을 이루기 위해서도 창업 자금이 필요한데, 1억 원이 이런 창업 자금이 될 수 있다. 그뿐만 아니라 창업을 했다 한들 1억 원이 없으면 사업을 성장시켜 보겠다는 생각을 하지 못하는데, 김대윤 씨 사례처럼 1억 원이라는 목돈으로 창업하고 사업을 확장해 나가는 꿈을 현실화할 수 있는 행복한 고민을 할 수 있다. 즉 1억 원 모으기는 이전에는 인생에서 아예 생각하지 못했던 일에 가능성을 만들어 주고, 머릿속에서 계획을 세울 수 있게 해주는 첫 번째 시작점인 것이다.

돈쭐남이 받은 한 구독자 편지를 소개하고자 한다. 이 구독자 또한 적은 월급으로 저축을 시작해 1억 원 모으기를 달성한 뒤에도 지금까지 꾸준히 저축하는 습관이 몸에 배었다. 중간에 포기할 뻔했지만 돈쭐남의 영상을 보며 힘을 내어 결국 1억 원 목표를 달성했고, 지금은 그 다음 목표를 위한 고민을 하고 있다. 돈쭐남에게 편지한 이

◇ 1억 원 모으기에 성공한 구독자의 편지 ◇

김경필 선생님! 안녕하세요. 저는 대치동에서 과학을 가르치는 평범한 강사입니다.
감사의 인사와 함께 한 가지 궁금한 점도 있어서 이렇게 편지를 씁니다.
31살 이라는 남들보다는 다소 늦은 나이에 경제 활동을 시작 하였고, 늦었다는 생각이
항상 머릿속을 맴돌았습니다. 2018년 200만원이 안되는 월급으로 적금을 시작하면서
35살이 되는 2022년 말까지 1억을 모아야겠다는 막연한 목표를 세웠고, 지금은 6년 2개월째
꾸준히 돈을 모으고 있습니다.
2년전 우연히 유튜브 영상을 통해 선생님을 뵙게 되었습니다. 당시 약 7천만원
정도의 돈을 모은 상황에서 1억 만들기를 포기하려는 생각이 커지고 있었는데,
선생님의 영상을 보면서 지금까지 마음을 다잡을 수 있었습니다. 덕분에 2022년 말까지
약 1억 2천만원의 돈을 모았습니다. 통장에 1억이 모이는 순간부터 많은 자신감이 생겼고,
지금은 저축이 먹고 자는 것만큼 당연한 일이 되었습니다. 특히 작년에는 수업이 잘되고,
계약 조건이 좋아져서 한해 동안 약 8000만원의 돈을 저축하였습니다. 큰 소득과 더불어
개선된 소비습관이 있었기에 가능한 일이었다고 생각합니다. 선생님 정말 감사합니다.
한 가지 궁금한 점은 선생님께서는 1억을 모으면 자연스럽게 10억을 만들 방법을
알게 된다고 말씀하셨습니다. 하지만 저는 아직 확신이 없어서 제가 놓여있는 상황을
알려드리고, 기회가 된다면 선생님의 고견을 듣고 싶습니다. 현재 월급이 들어오면
200만원 (용돈, 교통비, 국민연금, 건보료 등)만 남겨놓고 모두 저금을 하고 있습니다.
정기적금 100만원 자유적금 500 ~ 1,000만원, 세금공제용으로 IRP 75만원을 넣고있고,
적금 한도를 모두 채운 달에는 나머지 돈을 주식 계좌에 넣고 있습니다. 현재 정기예금,
ISA계좌 등 은행계좌에 2억 2000만원 주식 계좌에 1,500만원이 있습니다.
매달 받는 월급의 변동성이 커서 자유적금을 만들었습니다.
추가로 부천에 있는 부모님 집에서 출근하기가 점점 힘들어서 조금 더 찾아가야할지
월세나 전세방을 얻어야 할지 고민인 상황입니다. 평일 3~4일 정도 출근하고,
주말에는 19시간 강의하고 있습니다.

유도 다음 목표에 대한 고민으로 상담을 신청하기 위함이다.

수차례 말했듯이 1억 원을 모으게 되면 그 이상의 목표에 대한 고민을 할 수 있다. 즉 이전에는 생각하지 못했던 것들이 나에게 가능성이 생기며 도전할 수 있는 기회가 생긴다. 여러분도 더 나은 삶의 가능성을 높여주는 1억 원 모으기에 도전해 보기를 바란다.

변화 3:
자산 증가에 가속도가 붙는다

물론 1억 원을 모은 모든 사람이 단박에 부자가 되는 것은 아니다. 하지만 대개 1억 원을 모은 사람은 저축을 계속하면서 다시금 1억 5,000만 원, 2억 원이 되기까지 예적금을 지속한다. 중요한 것은 당분간은 저축만 해도 자산 상승에 가속도가 붙어, 1억 원을 모을 때까지 걸린 시간보다 1억 원에서 2억 원을 모을 때까지 걸린 시간이 더 짧다는 것이다. 즉 자산이 늘어나는 속도는 등속 운동이 아니라 가속 운동이다.

예를 들어 설명하겠다.

순자산 0원에서 1억 원 모으는 데 걸리는 시간

최초 1년은 세전 이자율 연 3.5%짜리 적금에 가입해 월 130만 원을 저축하고, 1년 뒤부터 매년 저축액을 10%씩 증액, 즉 저축액을 매년 13만 원씩 4년 동안 증액한다. 이렇게 증액저축을 하면 순자산 0원에서 1억 원을 모으는 데 5년이 걸린다.

순자산 1억 원에서 1억 원을 더 모으는 데 걸리는 시간

1억 원을 모은 사람이 예적금으로 새롭게 다시 1억 원을 만드는 데 걸리는 시간은 5년이 아니라 그보다 14개월이 단축된 46개월이다. 기존에 모아둔 1억 원을 세전 이자율 연 3.5%짜리 예금에 가입해서

◇ 순자산 0원 → 1억 원 ◇

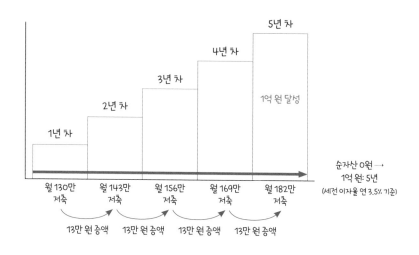

1년 차

2년 차

3년 차

4년 차

5년 차

1억 원 달성

월 130만 저축

월 143만 저축

월 156만 저축

월 169만 저축

월 182만 저축

13만 원 증액   13만 원 증액   13만 원 증액   13만 원 증액

순자산 0원 →
1억 원: 5년
(세전 이자율 연 3.5% 기준)

◇ 순자산 1억 원 → 2억 원 ◇

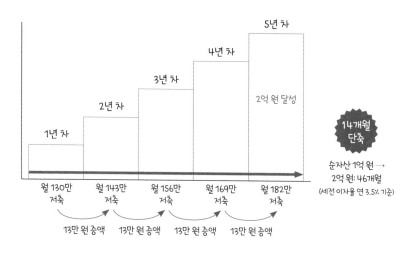

1년 차

2년 차

3년 차

4년 차

5년 차

2억 원 달성

월 130만 저축

월 143만 저축

월 156만 저축

월 169만 저축

월 182만 저축

13만 원 증액   13만 원 증액   13만 원 증액   13만 원 증액

14개월 단축

순자산 1억 원 →
2억 원: 46개월
(세전 이자율 연 3.5% 기준)

딱 1억만 모읍시다

◇ 순자산 2억 원 → 3억 원 ◇

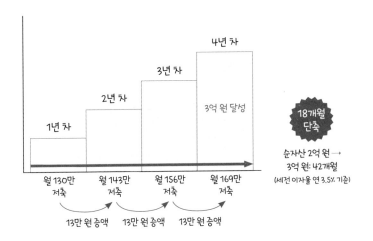

◇ 순자산 3억 원 → 4억 원 ◇

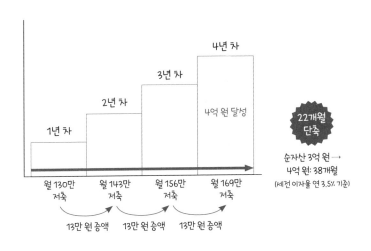

나온 금융소득 덕분이다.

순자산 2억 원에서 1억 원을 더 모으는 데 걸리는 시간

그렇다면 2억 원을 모은 사람의 경우는 어떨까? 2억 원을 모은 사람이 예적금으로 새롭게 다시 1억 원을 만드는데 걸리는 시간은 5년에서 18개월이 단축된 42개월이면 가능해진다.

순자산 3억 원에서 1억 원을 더 모으는 데 걸리는 시간

3억 원을 모은 사람이 동일한 예적금으로 새롭게 다시 1억 원을 만드는 데 걸리는 시간은 5년에서 22개월이 단축된 38개월이면 가능해진다.

　이처럼 첫 번째 종잣돈 1억 원을 만든 사람과 그렇지 않은 사람의 자본이 늘어나는 속도가 다르므로 부자를 꿈꾼다면 하루빨리 1억 원을 모으는 게 중요하다.

 변화 4:
　　 저축 근력이 커진다

돈쭐남은 그동안 수많은 직장인에게 머니 트레이닝을 했다. 예전에는 월 50만 원 모으는 것도 힘들어 하던 사람이 머니 트레이닝을 받고 첫 번째 종잣돈 1억 원 모으기에 성공하고 나면, 어느새 1년에 월 164만 원 정도는 거뜬하게 저축해 1년간 2,000만 원가량 모으게 되는 사례가 부지기수다(세전 이자율 연 4% 기준). 이는 저축 근력이 커지게 되어서 가능한 일이다.

사실 꾸준히 저축하는 습관이 몸에 배려면 오랜 시간 단련을 해야 한다. 즉 저절로 저축 습관이 생기지 않는다는 뜻이다. 많은 사람이 '소득이 늘어나면 저축액이 자연히 늘어나지 않을까?'라고 생각하지만 그것은 착각이다. 정기적으로 저축을 꾸준히 해오지 않은 사람은 소득이 늘어났다고 해도 돈을 모으지 못하는 경우가 대부분이다. 저축 근력이 커지지 않으면 소득이 늘어난 만큼 그냥 소비만 커질 뿐이다. 반면 소득이 발생하는 동안 저축은 당연히 해야 한다고 생각하는, 즉 저축 습관이 몸에 밴 사람은 1년에 1,000만 원, 2,000만 원은 가볍게 모은다. 헬스장에서 무거운 바벨을 반복적으로 들어 올리는 훈련을 한 사람이 나중에는 근력이 커져서 무거운 바벨의 무게를 잘 견뎌내는 것과 비슷한 원리다.

꾸준한 저축이 처음에는 버겁게 느껴질 수 있지만 참고 견뎌서 결국에 해내면, 이후에는 이전보다 적은 금액을 저축할 때 오히려 자존심이 상해하는 사람도 있다. 헬스를 열심히 하는 사람들이 본인이 얼마만큼의 무게의 운동 기구를 들 수 있는지 주기적으로 측정하는데(이들 사이에서는 3대 측정이라고 한다), 이 무게가 전보다 가벼워지면 자존심이 상해하는 것과 마찬가지다. 꾸준히 저축하는 습관을 기르면 근 손실은커녕 오히려 저축 근력을 키울 수 있으니, 그 사람은 앞으로도 꾸준히 돈을 모을 수 있는 원동력을 가지게 될 것이다.

변화 5:
자존감은 높아지고 좌절감은 회복한다

많은 사람이 최근 높아지는 물가에 비해 훨씬 더디게 올라가는 임금으로 실질소득의 감소를 경험하고 있다. 통계청이 실시한 2024년 1분기 가계동향조사에 따르면, 가구당 실질소득이 1.6% 감소해서 7년만에 가장 큰 폭의 감소세를 보였다. 그러니까 "월급 빼고 다 오르는 구나"라는 사람들의 푸념이 거짓말이 아니었던 셈이다. 이러한 현상은 직장인들의 좌절감과 우울감을 높이는 원인이기도 하다.

하지만 직장인들의 좌절감과 우울감의 근본적인 원인은 따로 있다. 돈쭐남이 그동안 많은 직장인과 상담하면서 발견한 점은 그 우울감의 원인이 '오늘 당장 많은 소비를 할 수 없어서' '오늘 당장 가지고 싶은 것을 사지 못해서'가 아니었다. 그보다는 '지금 이런 상태가 지속되면 5년, 10년이 지나도 상황이 달라질 게 전혀 없겠구나'라는 생각이 원인이었다. 그러니까 한마디로 지금 당장 힘들고 어려운 것은 어떻게든 참고 견딜 수 있지만, 미래에도 현재보다 별반 나을 게 없어 보이는 현실이 많은 직장인의 자존감을 떨어뜨리고 깊은 좌절감에 빠지게 한다는 것이다. 시간, 체력, 감정 등 나의 모든 리소스를 투입하는 직장생활로 나의 시간과 젊음이 나날이 사라지고 있는데 나의 통장에 자본이 전혀 늘어나지 않는다면, 우울한 마음이 들지 않는 게 오히려 이상한 일일 테다.

그래서 지금 힘들게 참고 견디면서 희망 없는 미래를 준비하기보다 지금 당장 누릴 수 있는 순간의 기쁨을 선택하는 경우가 늘어서 더더욱 미래는 불투명해지는 악순환이 계속 되고 있다. 그러나 미래가 막막하다고 미래에 대한 아무런 대책 없이 현재만을 즐기는 것은 분명 문제다.

그렇다면 이를 해결하는 근본적인 방법은 무엇일까? "지금 이런 상태가 지속되면 5년, 10년이 지나도 상황이 달라질 게 전혀 없겠구나"라는 푸념 속에 답이 있다. '이런 상태'란 1억 원 모으기 저축조차도 못 하는 상태를 말한다. 따라서 이런 상태를 다른 상태로 바꾸는 것만이 유일한 해답이 될 수 있다. 여러분이 '해냈다'는 그 자체로 매우 상징적이고 의미 있는 이정표가 될 1억 원 모으기에 성공한다면, 아니 일단 시작이라도 한다면, 사회 초년생 시절에 또 하나의 의미 있는 성과로 남을 것이고 '나도 해낼 수 있구나!' '나의 미래도 희망이 있구나!' 하는 생각을 하게 될 것이다. 다시 말해 1억 원 모으기의 시작과 성공은 직접적으로 여러분의 미래를 바꾸지 못하더라도, 낮아진 자존감을 높이고 좌절감을 회복하며 '나도 할 수 있다'는 자신감을 높이는 가장 좋은 이벤트인 것이다.

1억 원 모으기를 성공하게 만드는 5가지 마인드

출간 후 큰 인기를 얻어 아마존^{Amazon}에서 '2013 올해의 책'에 선정된 책이 있다. 그 책은 바로 우리나라에서도 번역되어 정식 출간된 『원 씽 THE ONE THING 』이다. 제목에서도 알 수 있듯이 단 한 가지, 그러니까 가장 중요한 단 한 가지의 핵심가치에 집중해야 한다는 메시지를 담고 있는 책이다. 가장 중요한 단 한 가지에 집중하면 나머지 부수적인 것들은 저절로 해결된다는 매우 단순한 이 책의 메시지는, 돈쭐남이 말하는 1억 원 모으기 원리와 매우 유사하다.

볼링에서 스트라이크를 치는 원리도 1억 원 모으기 원리와 유사하다. 1개의 공으로 10개의 핀을 넘어뜨려 스트라이크를 치려면 맨 앞에 있는 1번 핀을 맞추는 데 집중해야 한다. 1번 핀을 맞추면 나머지 핀들은 쉽게 넘어지게 되어 있다. 1억 원 모으기도 마찬가지다. 일단 1억 원을 모으면 그 다음 단계도 순조롭게 진행된다. 물론 여러분이 1번 핀을 맞춘다고 100% 확률로 스트라이크를 친다는 보장은 없다. 하지만 1번 핀을 맞추었는데도 핀이 고작 2~3개만 쓰러지지는 않는다. 그러므로 볼링을 칠 때 가장 집중해야 할 첫 번째 핵심 과제가 1번 핀을 맞추는 일이다.

1억 원 모으기를 1~2년 내에 이루어 내기 어렵기 때문에 적게는 4~5년, 많게는 6~7년이 걸릴 수도 있다. 절대로 짧지 않은 시간이기에 이 시간 동안 여러 유혹과 상황의 변동성이 존재할 수 밖에 없다. 여러분이 더 나은 미래를 위해 1억 원 모으기를 다짐했다면 이제부터 돈쭐남이 설명하는 내용에 집중하자. 지금부터 소개하는 '1억 원을 모으기 위해서 꼭 가져야 할 마인드와 저축 원리'는 여러분의 1억 원 모으기 성공률을 100%로 만들어 줄 것이다.

 ## 마인드 1:
선저축의 마인드

돈쭐남이 만난 짧은 시간 내에 1억 원 모으기에 성공한 모든 사람은 바로 선先저축의 마인드를 가지고 있었다. 여러분에게도 이런 마인드가 있는지 확인해 보기 위해, 다음의 항목 중에서 자신에게 해당되는 것에 체크해 보자.

✎ Self Check

○ **먼저 소비하고 남은 돈을 저축하려고 한다.**　☐

○ **먼저 저축하고 남은 돈으로 소비하려고 한다.**　☐

만일 여러분이 '먼저 소비하고 남은 돈을 저축한다'에 체크했다면 선저축의 마인드가 아니라 후後저축의 마인드를 가지고 있는 것이다. 의무적으로 4대 보험료를 선공제한 금액을 월급으로 받듯이, 자동이체로 대출 원금과 이자가 빠져나가듯이, 소비하기 전에 일단 의무적으로 저축을 먼저 해야 한다는 마인드가 '선저축의 마인드'다.

사실 '먼저 소비하고 남은 돈을 저축한다'는 생각은 대부분의 평범한 사람이 가진 생각이다. 대부분의 직장인은 '벌고→쓰고→갚고'의 마인드를 가지고 있다. 이렇게 되면 소비가 우선하게 되니 저축은 뒷전으로 밀려나고, 월급의 대부분을 매달 카드값 갚는 데 사용하게 된다. 카드값을 갚으면 결국 수중에 남는 돈이 없게 되니 저축은 꿈도 꾸지 못하게 되는 악순환이다. 미래에 대한 걱정이 생기지만 돈이 없으니 어쩔 수 없다는 식의 자기 합리화로 자신에게 면죄부를 준다.

하지만 돈쫄남에게 머니 트레이닝을 받은 직장인은 이런 마인드 자체를 완전히 뒤바꾸게 된다. 즉 먼저 목표한 금액을 저축한 다음, 나에게 허락되는 돈만 소비하겠다는 마인드를 가지게 된다. 말 그대로 먼저 저축함으로써 필요 이상의 소비를 원천적으로 차단하겠다는 것이다. 이처럼 선저축 마인드로 바꾸면 쓸데없는 소비를 할 여유가 생길 리 없기 때문에, 누가 시키지 않아도 꼼꼼하게 돈 관리를 할 수밖에 없는 상황이 되고야 만다. 다른 사람과 동일한 월급을 받으면서도 돈을 더 잘 모은 사람들에게는 모두 이러한 선저축 마인드가 있었다. 정리하자면, 더 나은 미래를 준비하고 중산층으로 가기 위한 목표가 있다면 직장인은 '벌고→모으고→쓰고'의 순서로 월급을 관리해야 한다.

 ## 마인드 2:
증액저축의 마인드

1억 원 모으기에 성공하려면 증액저축의 마인드를 가져야 한다. 5년 동안 1억 원을 모으려면 월 153만 5,000원을 저축해야 한다(세전 이자율 연 4% 기준). 그런데 많은 사람이 이 금액을 저축하는 게 무리라고 생각하고 지레 포기한다. 사실 저축은 항상 같은 금액을 하는 게 아니라 시간을 두고 조금씩이라도 증액하겠다는 마인드로 임해야 한다. 첫 시도에 무거운 바벨 들어 올리기를 바로 성공하는 게 아닌, 바벨의 무게를 조금씩 올리는 연습을 꾸준히 해서 결국 목표 무게의 바벨을 들어 올리는 것과 같은 이치다. 돈쭐남이 설명한 저축 근력을 키우기 위해서라도, 즉 저축 습관을 키워나가기 위해서라도 저축액을 꾸준히 증액하는 훈련이 필요하다. 월 153만 5,000원이 무리라면 월 130만 5,000원으로 시작하고, 해마다 10%인 13만 원씩 4번 증액하면 5년 후에 정확히 1억 원을 모을 수 있다.

이 때 주의할 점이 있다. 너무 가벼운 바벨만 들어 올리면 근력이 커지지 않는 것처럼, 증액을 하더라도 첫 저축액이 너무 적으면 안 된다. 첫 저축도 약간은 버겁다고 느낄 수준에서 하는 게 좋다.

매년 저축액을 10%씩 증액하는 게 쉽지는 않겠지만, 이 정도는 마음 먹기에 따라서 얼마든지 가능하다. 매년 임금이 어느 정도는 상승하기 때문이다. 만일 월 130만 5,000원도 무리라고 느낀다면 일단 월 95만 원씩 저축을 시작하고 해마다 10만 원씩 6년간 증액해도 된다. 이렇게 하면 7년 후 약 1억 2,000만 원을 모으게 되는데, 1억 2,000만 원을 모으는 이유는 5년과 달리 7년이란 세월은 인플레이션^{Inflation}을 감안해야 하기 때문이다. 이 돈은 지금 화폐가치로 약 1억 500만 원이 된다(인플레이션 연 2% 기준). 참고로 7년 플랜은 청년도약계좌를 활용해야 하는데, 이에 대한 자세한 설명은 144p를 참고하기 바란다.

딱 1억만 모읍시다

마인드 3:
정기저축의 마인드

1억 원을 빠르게 모으려면 자유적금이 아닌 정기적금을 활용해야 한다. 많은 사람이 하는 착각 중 하나가 돈을 쓰지 않고 통장에 남겨두는 게 저축이라고 생각한다는 것이다. 하지만 당장 소비되지 않는 잉여 자금은 비정기적인 소비로 사용되어 계획하지 않은 지출의 희생양이 되는 경우가 많다. 결국 매달 꼬박꼬박 저축하지 않는 돈은 모두 소비로 보는 게 맞다. 사법 제도에 유죄 판결이 확정되기 전까지는 무죄로 추정한다는 '무죄추정의 법칙'이 있는데, 마찬가지로 돈쭐남은 매달 정기적으로 저축하지 않은 잉여 자금은 결국 소비로 추정한다. 돈쭐남은 이것을 '소비추정의 법칙'이라고 말한다. 돈쭐남의 오랜 관찰과 경험에 비추었을 때, 저축하지 않고 수시입출금 통장에서 왔다 갔다 하는 돈은 결국 모두 소비되었다. 따라서 1억 원을 빠르게 모으기 위해서는 강제성을 가지고 매달 자동이체 방식으로 저축하는 '정기저축'을 해야 한다.

많은 사람이 정기적금이 아니더라도 파킹 통장이나 CMA 같은 곳에 돈을 모아두면 그것도 저축이라고 생각한다. 이렇게 정기적인 불입 방식이 아닌 저축을 하게 되면 1년간 12회 불입하는 동안 분명히 한두 번은 여러 소비 유혹에 빠질 수 있다. 세상에는 머리로는 이해하지만 실제 행동이 그것을 따라가지 못하는 일이 얼마나 많은가? 사람은 합리적으로 생각하는 듯하지만 실제 행동까지 합리적으로 하지는 않는다. 이 세상에서 내가 1억 원을 모으는 일을 방해하는 유일한 사람이 있다면 그것은 바로 나 자신뿐이다.

마인드 4: 후보상의 마인드

자신을 위한 보상은 그에 걸맞은 목돈을 만들고 난 뒤에 해야 한다는 게 '후後보상의 마인드'다. 다시 말해 '선저축, 후보상'이 되어야 한다는 것이다. 1억 원 모으기에 성공하기 위해 가져야 하는 네 번째 마인드는 바로 후보상의 마인드다.

1년간 1,000만 원을 모으기 위해 월 81만 8,000원을 저축하는 것도 좋지만, 월 85만 9,000원을 저축해서 1년 후 약 1,050만 원을 수령(세전 이자율 연 4% 기준)한 금액 중, 1,000만 원은 재투자하고 50만 원은 1년간 고생한 나에게 보상한다면 어떨까? 여러분도 저축하느라 고생한 나를 위해 만기액의 5%를 셀프 리워드(후보상)로 설계한 저축을 해보자. 3,000만 원이 모인 날 동남아 여행을, 5,000만 원이 모인 날 유럽 여행을 떠나는 보상이 있다면, 저축은 더 이상 지루한 일이 아니게 될 것이다. 오히려 한 달 한 달 시간이 지날수록 기분 좋은 상상과 기다림으로 즐거운 여정이 될 수 있어, 1억 원 모으기를 달성하는 그날까지 지치지 않고 저축을 이어갈 수 있는 원동력이 될 수 있다.

딱 1억만 모읍시다

돈쭐남의 26 월드컵 적금

돈쭐남은 마침 작년 5월에 만기되는 적금이 있어서 새롭게 가입할 적금에 포함할 셀프 리워드 아이디어를 고안했다. 마침 북중미 월드컵을 3년 앞두고 있는 시점이라 기존의 저축액에서 돈을 조금 더 보태 '26 월드컵 적금'을 시작했다.

26 월드컵 적금은 2026년 개최하는 북중미 월드컵을 기념해서 그때까지 1억 원 모으기에 성공하면 북중미 월드컵을 직관하러 가는 보상이 포함된 적금이다. 돈쭐남은 첫해는 월 260만 원을 저축하고 매년 26만 원씩 월 저축액을 증액해서 2026년에 북중미 월드컵을

◇ 돈쭐남의 26 월드컵 적금 ◇

※ 적금 이자율은 적금마다 상이

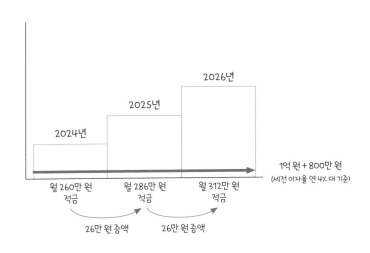

직관하러 가는 저축을 설계했다. 돈쭐남은 3년 뒤 만기액으로 1억 800만 원을 수령하도록 설계(세전 이자율 연 4%대)했는데, 그중 1억 원은 재투자하고 800만 원은 북중미 월드컵을 보러 여행을 떠날 때 사용할 계획이다. 이 저축은 앞서 설명한 선저축, 증액저축, 그리고 후보상을 모두 반영해 설계되었다.

사실 유튜브 구독자들에게 첫 저축을 인증하고 나서 '짧지 않은 기간인데 과연 이 저축을 유지할 수 있을까?' 하는 걱정도 들었지만, 어느새 저축을 시작한 지 1년이 훌쩍 넘어가고 있다. 기존에 월 60만 원 정도 불입하는 적금이 여러 개 있어서 추가로 200만 원짜리 적금에 가입했는데 벌써 1년 이상 불입했다. 36회를 불입해야 완성되는

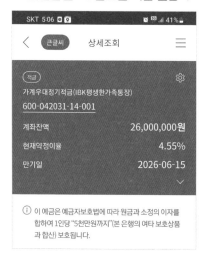

◇ 돈쭐남의 26 월드컵 적금 현황 ◇

저축이지만, 돈쭐남은 1회 차 저축액을 불입한 날부터 희안하게도 이 통장을 볼 때마다 북중미 월드컵 현장이 상상된다. 1억 원 모으기 중인 여러분처럼 돈쭐남 또한 설렘과 기대 속에서 26 월드컵 적금을 하면서 저축을 왜 꼭 목표와 보상이 있어야 하는지 실감하고 있다.

# 마인드 5:
명확한 목표 마인드

마지막으로 1억 원 모으기에 성공하려면 목표지향적인 저축을 설계해야 한다. 만약 목표 없이 저축한다는 사실에만 집중해 1년간 월 10만 원, 20만 원, 30만 원짜리 저축을 한다면 만기에 약 122만 원, 약 244만 원, 약 367만 원을 수령(세전 이자율 연 4% 기준)하게 될 것이다. 이 정도의 금액은 목돈을 만들기 위해 다시 재투자되기보다는, 노트북을 바꾸거나 여행을 가는 등 계획하지 않은 작은 플렉스로 사용될 가능성이 높다. 또한 만기가 자주 돌아온다면 그때마다 재투자에 대한 방법을 고민해야 하는 번거로움이 생긴다.

그럼에도 우리가 습관적으로 월 10만 원, 20만 원, 30만 원짜리 저축을 하는 이유는 무엇일까? 그 이유는 만기액보다 당장 매달 저축액을 기억하려는 습관 때문이다. 앞서 말한 금액은 10만 원 단위로 딱 떨어져서 내가 얼마를 저축하고 있는지 기억하기가 용이하다.

반면에 월 81만 8,334원을 1년간 저축한다면? 1원 단위까지 복잡한 이 금액을 기억하기가 쉽지 않다. 하지만 이 저축에는 뚜렷한 목적성이 있다. 1년 후 정확히 1,000만 원을 만들겠다(세전 이자율 연 4% 기준)는 의지가 저축액에서 배어나오는 적금이다. 한때 유행했던 풍차돌리기 방식은 적은 금액을 저축해야 하는 적금을 매달 새롭게 가입해 1년 후부터 매달 만기가 돌아오도록 하는 저축 방법인데, 계좌가 여러 개로 나누어져서 목돈을 모으겠다는 목표 관리가 어려울 수 있다. 반대로 총 저축액이 같더라도 계좌를 여러 개로 나누지 않고 1~2개 정도로 통합한다면 만기 계좌 관리도 용이하다. 그뿐만 아니라 만기액이 크다 보니 작은 플렉스에 사용되기보다 재투자에 사용될 가능성이 높다. 다시 말해 금액이 비범한 수준의 저축, 돈이 흐트러지지 않고 목표를 향해 집중하는 목표지향적인 저축을 하겠다는 마인드가, 포기하지 않고 1억 원 모으기를 성공으로 이끄는 가장 중요한 마인드일 것이다.

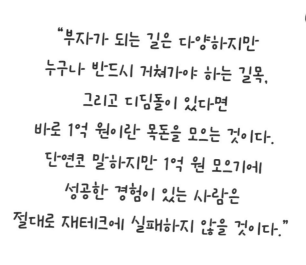

"부자가 되는 길은 다양하지만
누구나 반드시 거쳐가야 하는 길목,
그리고 디딤돌이 있다면
바로 1억 원이란 목돈을 모으는 것이다.
단연코 말하지만 1억 원 모으기에
성공한 경험이 있는 사람은
절대로 재테크에 실패하지 않을 것이다."

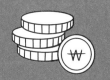

CHAPTER 2

1억 원 모으기를 위해 바꾸어야 할 것들

챕터 1에서는 중산층이 되기 위한 필수 준비 단계로 왜 1억 원을 모아야
하며, 1억 원이 어떤 의미를 가지고, 1억 원을 모으기 위해 어떤 저축 마인
드를 갖추어야 하는지 말했다.

챕터 2에서는 1억 원을 모으기 위해 '하지 말아야 할 것'을 소개하겠다.
어쩌면 해야 하는 것보다 더 중요한 게 하지 말아야 할 것을 하지 않는 것
이다. 1억 원을 모으기 위한 구체적인 방법을 소개하기에 앞서, 이번 챕터
에서는 돈쭐남이 돈 모으기에 대한 잘못된 생각과 행동을 먼저 따끔하
게 지적하도록 하겠다. 스스로를 돌아보며 '나는 1억 원 모으기를 위해
어느 정도 준비가 되어 있는가?'를 점검해 보는 시간이 되길 바란다.

간과하기 쉬운
10가지 과소비를 바로잡아라!

 **생활 속에 숨어 있는 과소비를
바로잡아야 하는 이유**

미국 경제 전문지 『포브스^{Forbes}』에 따르면 2024년 세계 부자 순위 1위는 베르나르 아르노^{Bernard Arnault} 회장으로, 아르노는 이름만 들으면 누구나 아는 명품 브랜드를 여러 개 보유한 명품 기업 LVMH 그룹의 회장 겸 CEO다. 이는 코로나19 팬데믹 때 전 세계로 퍼진 명품 열풍에 힘입어 최근 수년간 엄청난 성장을 이룬 결과다. 미국 경제 전문 방송 CNBC가 모건스탠리^{Morgan Stanley} 자료를 인용해 보도한 내용에 따르면, 우리나라의 1인당 명품 소비 금액이 코로나19 팬데믹 직후인 2022년 기준으로 세계 1위를 기록했다. 한국인 1인당 명품 소비 금액이 325달러인데 이것은 중국인 1인당 명품 소비 금액의 6배에 달하는 수치라고 한다. 한때 우리나라 유명 백화점의 명품 매장들은 오픈런하지 않으면 입장하기 힘들 정도였다. 다행히도 최근에는 명품 과소비가 사라지는 분위기라 일부 브랜드를 제외하고는 명품 매장 오픈런도 거의 없다고 한다.

그런데 문제는 우리 생활 속에 숨어 있는 과소비는 여전히 많다는 사실이다. 생활 속에 숨어 있는 과소비란, 누가 보아도 절대 과소비가 아닌데 특정 소비가 생활화되어 빈도가 늘어나고 자주 반복하다 보니 결국 과소비가 되고 마는 것들을 말한다. 이런 것들은 명품 소비나 럭셔리 해외 여행처럼 겉으로는 과소비로 비추어지지 않기 때문에, 우리 마음속 경계심을 무너뜨리기 쉽다. 겉으로 보기에는 별것 아닌 것처럼 느껴지기 때문이다.

생활 속에 숨어 있는 10가지 과소비를 바로잡아야 하는 이유는 단 하나, 이 10가지를 습관적으로 하고 있다면 필요 이상의 소비를 하게 되니 절대로 1억 원 모으기에 성공할 수 없기 때문이다. 반대로 말하면 이 10가지를 안 할 수 있는 용기와 의지가 있다면 누구나 1억 원 모으기에 성공할 수 있다.

돈쭐남이 과소비지수 순서대로 생활 속에 숨어 있는 과소비를 정리해 보았으니, 이번 기회에 나의 소비를 점검해 보자. 다시 한번

딱 1억만 모읍시다

말하지만, 1억 원 모으기 저축을 방해하는 10가지 과소비는 다름 아닌 일상생활 속에 있다. 과소비지수가 높을수록 1억 원 모으기에 실패할 가능성을 높으니, 발견 즉시 빠르게 자신의 잘못된 소비 습관을 고쳐야 한다.

10위: 주 3회 이상 점심 외식을 한다

○ 과소비지수 ★

불과 얼마 전까지만 해도 직장에 도시락을 싸 오는 직원들을 보고 상사들이 "유난을 떤다. 그런다고 얼마나 돈을 절약하겠어?"라고 반응하는 게 일반적이었지만, 최근에는 미친듯이 오른 외식물가로 "나도 가능하면 도시락 싸 오고 싶다"라는 반응이 많다고 한다.

최근 외식물가는 그야말로 '미쳤다'는 표현이 가장 적합할 정도로 매우 심각한 수준이다. 물론 여러 사정으로 어쩔 수 없이 점심을 사 먹어야 하는 직장인이 많다. 문제는 많은 회사가 직원들을 위해 구내 식당을 운영하고 있음에도, 점심을 주 3~4회 이상 밖에서 사 먹는 직장인이 꽤 있다는 사실이다. 물론 몇 번 사 먹는 게 과소비는 아니지만 한 달 치 점심값을 통틀어 계산해 보면 점심값만 수십만 원이 된다. 구내 식당에서 제공하는 영양학적으로 완벽하고 저렴한 식사를 마다하고 점심 시간만이라도 회사를 벗어나고 싶다는 생각에 주 3회 이상 외식을 한다면 이제는 정말 곤란하다.

"저희 회사는 구내 식당이 없어요"라고 말하는 사람이 있을 것이다. 그런데 돈쭐남이 서울 곳곳을 다녀보면 옆 건물 또는 그 옆 옆 건물에 구내 식당이 있는 경우가 의외로 많다. 이런 곳들을 잘 활용해 주 3~4회는 회사 동료들과 구내 식당에서 식사하고, 수요일이나 금요일 중 하루 정도 점심 외식을 즐긴다면 어떨까? 굳이 새로운 메뉴를 찾아 헤매거나, 점심 메뉴 때문에 깊은 고민에 빠질 필요도 없다. 그뿐만 아니라 점심값까지 부담스럽다면 이미 그 점심 식사는 마음이 편치 않아 말 그대로 망친 점심일 가능성이 높으니, 여러모로 점심 외식 빈도를 줄여보는 게 좋다.

9위: 주 2회 이상 기본요금 거리를 택시로 이용한다 ○ 과소비지수 ★

택시를 타는 일 자체는 과소비가 아니다. 하지만 기본요금 거리임에도 택시를 타거나, 이런 일이 주 2회 이상 반복된다면 이것은 과소비일 수 있다. 만일 여러분의 카드 영수증에 택시비로 기본요금 4,800원(서울 기준)이 여러 번 찍혀 있다면 과소비란 말이다. 왜냐하면 기본요금을 결제했다는 건 어쩌면 여러분이 택시를 타지 않아도 될 수 있는 상황에서 '그냥 귀찮아서' '가깝다는 이유'로 자신에게 과소비에 대한 면죄부를 주었을 가능성이 높기 때문이다. 서울에서 택시를 탄다면 주간 기준 기본요금 4,800원으로 1.6km를 이동(2024년

8월 13일 기준)할 수 있다. 버스나 지하철로 딱 1.5정거장 정도의 거리다. 즉 여러분이 조금만 부지런히 서둘렀다면, 굳이 택시를 이용하지 않아도 이동할 수 있었다는 말이다.

"아니 제가 택시 타고 장거리를 간 것도 아니고 모범택시를 탄 것도 아닌데 이게 과소비인가요?"라고 반문할 수도 있다. 오히려 택시로 장거리를 이동했다면 상관없다. 택시비가 8,000~9,000원 찍혀 있는 건 괜찮다는 말이다. 그것은 택시로 장거리를 이동할 수 밖에 없는 상황적인 이유가 있었을 가능성이 높기 때문이다.

이제부터 기본요금이 나올 만한 가까운 거리의 택시 이용은 과소비라고 생각하자. 조금만 부지런히 준비한다면 건강도 챙기고 돈도 아낄 수 있다.

8위: 하루 2잔 이상 브랜드 커피를 테이크아웃한다

○ 과소비지수 ★★

직장인들에게 모닝 커피는 하나의 루틴이 되었다. 아침 출근길에 테이크아웃하는 커피 1잔은 피곤한 출근길에 친구이자 위로가 되어주며, 하루를 힘차게 시작하려는 일종의 자신만의 세레모니 같은 것이다.

하지만 이것이 하루 1잔으로 끝나지 못하고 점심 시간에 또 1잔, 오후 3시 정도에 나른해서 또 1잔, 저녁 퇴근길에는 오늘 하루 수고

한 나를 위해 또 1잔 등 여러 번 반복하는 직장인이 생각보다 많다. 이런 습관이 있다면 하루에 커피값으로만 몇 만 원을 쓸 수도 있다.

사실 돈쭐남은 수많은 저가 커피 브랜드가 등장했을 때 그나마 직장인들의 얇은 지갑 사정에 도움이 되겠다고 생각했다. 아메리카노 1잔 값이 1,500~2,000원에 불과하니 스타벅스, 커피빈 같은 브랜드 커피값에 비해 상대적으로 매우 저렴했기 때문이다. 이 정도 가격이라면 제 아무리 돈쭐남도 절대 혼낼 수 없는 가격이다. 저가 커피 브랜드의 등장으로 회사 탕비실을 이용하던 사람들조차 어느 순간 커피를 사 먹는 모습으로 바뀌었지만, 거기까지도 돈쭐남은 현명한 소비로 평가할 수 있었다.

그런데 문제는 커피를 사 먹는 게 습관이 되다 보면 어느 순간 저가 커피 브랜드에서 판매하는 메뉴 중에서도 나름 고가 커피와 음료를 먹는 게 익숙해진다는 사실이다. 저런 커피와 음료는 저가 커피 브랜드라고 해도 스타벅스, 커피빈만큼이나 가격이 비싸다. 이것은 '한 발 들여놓기 효과Foot in the door effect'라고 해서 처음에는 아주 저렴한 제품으로 대중에게 브랜드가 친숙해지도록 한 뒤 나중에 좀 더 고급 제품까지 판매하는 전략으로, 마케팅 분야에서 오랜 시간 사용된 방식이다.

사실 많은 회사의 탕비실에는 커피가 구비되어 있다. 그런데 지금 그 커피들은 유통 기한이 지나지 않았는지 걱정될 정도로 직원들에게 인기가 없다. 직원들을 위해서 탕비실에 커피 머신과 각종 간식을 준비해 두었는데도 점심 시간에 밖에서 커피와 조각 케익 등을 잔

딱 1억만 모읍시다

뜩 사 들고 사무실에 들어오는 직원들의 모습을 볼 때면 마음이 아프다고 말하는 대표님도 있었다. 회사도, 직원에게도 좋은 현상은 아닌 게 확실하다.

이제부터라도 밖에서 커피를 사 먹는 횟수를 줄여보면 어떨까? 스스로 의식하지 못했던 과소비 습관도 고칠 수 있고, 필요 이상의 칼로리 섭취도 줄일 수 있어 다이어트 효과까지 누릴 수 있으니 일석이조다.

7위: 월 소득의 3% 이상을 한 달 이벤트비로 소비한다 ○ 과소비지수 ★★

이벤트비란 생일과 기념일 등 특별한 날을 챙기는 데 드는 비용을 말한다. 돈쭐남이 이벤트비에 대한 과소비 기준을 정확한 수치로 제시한 데는 나름의 이유가 있다. 요즘은 기념일이 수없이 많고 국내 사용자 1위 모바일 메신저 앱인 카카오톡으로 지인들과 선물을 주고받기가 손쉬워지면서, 이런 비용이 눈덩이처럼 커지고 있기 때문이다. 돈쭐남은 한 달 이벤트비로 월 소득의 3%가 적절하다 말하는데, 월 소득의 3%라면 월 소득 300만 원 기준으로 한 달에 10만 원, 1년으로 말하자면 120만 원 정도다. 이 금액을 들으면 대부분의 사람이 "와, 이 정도면 충분하지 않을까요?"라고 말한다. 하지만 실제로 이 금액보다 훨씬 더 많은 돈을 이벤트비로 쓰는 경우가 대다수다.

돈쭐남은 소중한 사람과의 관계, 그 사람과의 추억을 챙기지 말라는 게 아니다. 반드시 챙겨야 하는 이벤트는 챙기되, 적절한 금액을 소비하자는 말이다. 돈쭐남이 제안하는 반드시 챙겨야 할 이벤트는 7가지다.

반드시 챙겨야 하는 7가지 이벤트
어버이날, 엄마 생일, 아빠 생일, 연인 또는 배우자 생일, 자녀 생일, 형제 생일, 각종 기념일

개인마다 어떤 이벤트를 어느 정도까지 챙길지 계획하고 소비한다면 아무 문제가 안 된다. 하지만 그러지 못한다면 이벤트비는 끝도 없이 늘어날 수 있다. 따라서 월 소득의 3% 정도를 한 달 이벤트 예산으로 잡고 꼭 필요한 이벤트에만 계획적으로 지출하는 습관을 가져보자.

6위: 계절이 바뀔 때마다 옷을 구매한다

○ 과소비지수 ★★★

우리는 옷장 앞에만 서면 많은 옷을 앞에 두고도 하소연을 한다. "입을 옷이 없어!" 정말 옷이 없는 게 아닌데 우리가 이런 말을 하는 이유는, 옷이 더 이상 추위와 더위를 막는 용도가 아닌 나를 드러내는

딱 1억만 모읍시다

패션이 되었기 때문이다. SNS에는 예쁘고 멋진 옷을 입은 사람들이 넘쳐난다. 그들을 보면 나도 모르게 눈높이가 올라가기 때문에 새로운 옷을 원하는 마음이 드는 건 어쩌면 당연하다.

사실 옷이 정말 없다기보다는 새로운 옷이 없는 것이니, 가진 옷들을 여러 방식으로 조합하는 노력만으로도 충분히 새로운 패션을 연출할 수 있다. 하지만 이런 귀찮은 과정 없이 새로운 패션을 연출하려면 새 옷을 사 입는 게 가장 간단한 방법이기는 하다. 다만 작은 노력만으로 소비를 줄일 수 있는데 귀찮다는 핑계로 계절이 바뀔 때마다 새 옷을 사들인다면 이는 당연히 과소비다. 돈쭐남이 자주 하는 말이 있는데 바로 이 경우에 적절한 말인 듯싶다.

"편한 만큼 소비하게 되고, 불편한 만큼 모이게 된다"

자신의 패션 욕구를 무조건 쇼핑으로만 해결하지 말고 있는 옷을 잘 활용하기 위한 노력이 필요하다. 옷을 사고 싶은 충동이 들 때는 옷장 정리를 해보자. 입지 않는 옷을 꺼내서 정리하다 보면 의외로 유행이 돌고 돌아 멋있게 활용할 수 있는 옷을 찾을 수 있다. 흔히 하는 요즘 말로 '득템'이다. 그럼에도 본인이 패션에 민감하다면, 소비 주기를 늘려서 계절이 바뀔 때마다 옷을 사는 게 아닌 격년에 한 번씩 옷을 사는 것은 어떨까?

5위: 월 소득의 10% 이상을
한 달 문화레저비로 소비한다   ○ 과소비지수 ★★★

기성세대에게 문화레저라고 하면 주로 영화 관람, 독서 등을 생각하기 쉽지만, MZ세대의 문화레저는 PT, 요가, 필라테스다. 사실 1 대 1 또는 1 대 2, 1 대 3 등의 소수 참여 운동 방법은 단기간 내에 운동 효과를 극대화하려는 MZ세대의 특성이 그대로 드러난다. MZ세대가 어릴 적부터 1 대 1 집중 과외와 같은 도제식 학습에 익숙하고 배움에 비용을 지불하는 데 거부감이 없는 학원세대임이 그대로 드러나는 부분이라고 볼 수 있다.

"돈을 아끼는 것보다 내 몸에 투자하는 게 더 중요한 것 아닌가요?"라는 말을 들으면 돈쭐남도 딱히 반박할 이유를 찾기 어렵다. 물론 운동으로 몸을 건강하게 단련하는 일은 매우 중요하다. 하지만 한 달 문화레저비가 월 소득의 10%를 훌쩍 넘겨버린다면, 1억 원을 모아나가는 일에는 분명히 걸림돌이 생길 수밖에 없다. 코로나19 팬데믹 때 골프 열풍이 불면서 최근에는 젊은 직장인조차 골프를 배우고 필드 라운드를 하는 경우가 많다. 운동도 물론 좋지만 문제는 비용이다. 장비와 운동복, 수업, 실내 골프장 이용, 필드 라운드 등 골프를 즐기려면 한 달에 80~90만 원 정도의 비용이 들어가는데, 월 400~500만 원 버는 직장인이 골프를 취미로 즐긴다면 문화레저비로 골프에만 월 소득의 약 1/5을 쏟아붓는 셈이 된다.

여가생활에 돈을 쓰지 말라는 말이 아니다. 합리적인 소비를 하라는 말이다. 월급의 10% 정도의 예산 안에서 지혜롭게 취미생활을 즐기면 어떨까? 그리고 꼭 비용을 들여서 배우는 운동만 있는 게 아니다. 지자체에서 운영하는 헬스장이나 아파트 커뮤니티 센터 내에 있는 저렴한 운동 시설을 이용할 수 있고, 런닝이나 자전거 라이딩도 큰돈 들지 않으면서 즐길 수 있는 운동이다. 과소비를 바로잡기 위해서는 운동에 반드시 돈을 써야 한다는 선입견을 버리는 게 중요하다.

4위: 월 소득의 30% 이상을 한 달 식생활비로 소비한다 ○ 과소비지수 ★★★

식생활비의 많고 적음은 보통 '엥겔지수'라는 용어를 이용해 말한다. 엥겔지수는 소득이 높을수록 낮아지는데, 그 이유는 소비가 높아진다고 하루에 4~5끼를 먹는 게 아니기 때문이다. 소득이 아주 적은 경우를 제외하고는 하루 3끼 먹는 게 일반적이다. 엥겔지수로 말하면 정확한 숫자를 떠올리기 힘들기 때문에 엥겔지수에 대한 설명은 여기까지만 하겠다. 대신 돈쭐남은 이해하기 쉽게 소득 대비 식생활비로 이야기할 테니, 소득이 높아질수록 소득 대비 식생활비에 사용하는 비율이 낮아진다는 사실만 기억하기 바란다.

최근에는 장바구니물가와 외식물가가 높아져서 식생활비를 많이 줄이는 게 쉽지 않겠지만, 그럼에도 식생활비에 대한 소비 통제력을 잃으면 저축은 어려워질 수밖에 없기 때문에 명확한 기준을 잡고 예산에 맞추어서 소비하는 게 필요하다. 과거에는 소득이 얼마든 쓸 수 있는 식생활비의 한계가 명확했다. 예를 들어 점심값이 5,000원 이던 시절인 10년 전에는, 아무리 비싼 밥을 먹으려고 해도 점심 한 끼에 고작 2~3만 원이면 족했다. 하지만 최근에는 과거에는 들어보지도 못한 '오마카세' '파인다이닝' 등이 등장하면서 '외식비의 상한선이 대체 있을까?' 할 정도로 외식물가가 굉장히 높아졌다. 그래서 돈쭐남이 월 소득 대비 적절한 한 달 식생활비를 제시하겠다.

1인 가구 기준 월 소득 대비 적절한 한 달 식생활비
- 월 소득 300만 원 미만: 월 소득의 30% 미만
- 월 소득 300~500만 원 미만: 월 소득의 25% 미만
- 월 소득 500~800만 원 미만: 월 소득의 20% 미만

2인 가구나 3인 가구라면 가구원 수가 1인 늘어날 때마다 1인 가구 기준 월 소득 대비 식생활비 비율에서 5~7% 정도 늘리면 된다. 예를 들어 월 소득 300만 원 미만의 2인 가구라면 월 소득의 35% 수준을, 월 소득 300~500만 원 미만의 3인 가구라면 월 소득의 35% 정도를 적절한 한 달 식생활비라고 생각하면 된다.

하루 3끼에 간식까지 더하면 한 달에 100끼 정도를 먹을 텐데 모든 식사가 특별할 수는 없다. 어떨 때는 샐러드 또는 닭가슴살 등 말 그대로 움직이기 위한 최소한의 에너지를 보충하는 식사를 할 수도 있고, 나에게 보상이 필요할 때는 특별한 식사를 할 수도 있다. 중요

한 점은 식생활비는 반드시 예산을 정해서 그 안에서 조율해야 한다는 것이다.

돈쭐남은 식생활비를 '장바구니 예산' '외식비 예산' '배달 예산' 3가지로 나누어서 짜기를 추천한다. 아무리 장바구니물가가 비싸졌다고 하지만 외식이나 배달보다 비싸지는 않다. 최소한 식생활비의 50% 이상은 장바구니 예산에 배정해 집에서 조리해 먹는 습관을 들이면 좋다. 현실적으로 식생활비에 사용할 예산이 적을수록 장바구니 예산 비중을 높여야 한다. 앞서 말한 것처럼 편한 만큼 소비하고 불편한 만큼 모이기 때문이다.

만일 여러분의 식생활비가 돈쭐남이 제시한 기준을 넘는다면 그것은 분명히 과소비다. 식생활비를 과소비하면 1억 원 모으기를 위한 저축을 방해하는 문제도 있겠지만, 여러분의 건강에도 좋지 않다는 것을 꼭 기억하길 바란다.

3위: 월 소득의 15% 이상을 한 달 주거비로 소비한다 ○ 과소비지수 ★★★★

기업 강연이나 방송 출연 등 대중과 많이 만나는 일을 업으로 삼는 돈쭐남은, 2020년 코로나19 팬데믹으로 일이 없어지고 힘들어진 때에 주거비를 아끼기 위해서 과감히 몸테크('몸'과 '재테크'를 합친 신조어로, 불편함을 감수하더라도 낡은 집에 살며 재건축, 재개발 등으로 주택 가치 상승을 기대하는 것)를 하기로 마음먹었다. 당시 거주하던 자가를 임대하고 경기도로 이사를 간 것이다. 그 전에는 집에서 사무실까지의 거리가 약 3.5km였는데 지금은 33km다. 무려 10배나 멀어졌다. 예전에는 출퇴근하는 데 편도로 30분이 걸렸다면, 이제 1시간 20분이나 걸린다. 하지만 경제적으로는 훨씬 큰 이익이 되고 있다. 주거비는 보통 출퇴근 거리와 반비례하기 마련이다. 업무 중심지에 회사가 있다면 집과 회사가 가까워질수록 임대료 혹은 매매가가 올라가니, 직주근접과 높은 접근성의 대가로 지불하는 게 주거비인 셈이다.

돈쭐남은 아직 내 집 마련을 못 했다면 수도권, 광역시 내 출퇴근 시간이 편도로 도어투도어^{Door to door} 최소 50분 거리에 있는 집을 임차해야 한다고 수차례 강조했다. 최대 50분 거리가 아니다. 만일 현저히 출퇴근 시간을 아낀다는 이유로 회사 근처로 집을 옮기면 주거비는 기하급수적으로 커진다. 물론 러시아워^{Rush hour} 시간에 길에서 오랜 시간을 보내야 하는 게 쉬운 일은 아니다. 하지만 단순히 출퇴근 시간을 아끼기 위해 월 소득의 15% 이상을 월세나 전세자금대출 이자 등 주거비로 매달 소비한다면 미래는 어떻겠는가? 젊은 시절 몇 년 고생하는 것으로 끝나지 않고, 나이 들어서조차 계속 먼 거리를 출퇴근해야 할 수도 있다.

돈쭐남은 얼마 전 높은 주거비를 감수하고 회사 근처로 집을 옮긴 직장인을 만났다. 그런 선택을 한 그 이유를 물어보았더니, 주말과 평일 저녁에 통번역 일을 하는데 매일 출퇴근 시간에 소요되는

2시간을 아끼면 좀 더 생산적인 N잡을 할 수 있겠다 생각해서 이사했다고 답했다. 이런 이유라면 괜찮다. 오히려 칭찬할 만하다. 하지만 직주근접을 결심한 이유가 '피곤해서' '쉬고 싶어서' '좀 더 자고 싶어서'라면 절대로 직주근접을 위해 높은 주거비를 소비하는 건 안 된다. '그래 봐야 얼마나 아끼겠어?'라는 생각은 버려야 한다. 지금의 과소비는 그런 생각들이 모여서 이루어진 것이고, 그래서 여러분이 돈을 모으지 못하는 것이다.

2위: 연봉의 5% 이상을 연간 여행비로 소비한다

○ 과소비지수 ★★★★

사람들이 여행을 좋아하는 이유는 지루한 일상을 벗어나는 데에서 기쁨을 느낄 수 있기 때문이다. 여행이란 돌아갈 곳이 확실히 있고 복귀해서 해야 할 나의 일이 있다는 전제하에 잠시 일상의 무게에서 해방되는 기쁨이다. 일상이 있으니까 잠시 동안 그 일상에서의 일탈이 즐거운 것이다. 그래서 여행은 언제나 그 끝이 아쉽고, 그렇기 때문에 여행이 더 행복하다고 생각된다.

회사를 다녀야 하기 때문에 대부분은 1년 중 여행할 수 있는 시간이 단 7~10일 정도일 것이다. 그런데 이 짧은 시간 내에 1년에 12번받는 월급 모두 혹은 그 이상을 소비하는 게 맞을까? 돈쭐남은 적절한 연간 여행비로 연 소득의 5% 미만을 제시하겠다. 월 소득으로 따지면 적절한 연간 여행비는 월 소득의 60% 미만인데, 월급 300만 원을 받는 사람의 적절한 1년 여행 예산이 180만 원이란 계산이 나온다. 즉 월 소득 300만 원이면 1년 여행 예산이 180만 원을 넘으면 안 된다.

이런 기준을 말하면 돈쭐남에게 "그럼 저는 언제 유럽 여행을 가보나요?"라고 볼멘소리를 하는 사람이 있다. 그런데 유럽 여행은 평생 한두 번 정도면 되지 않는가? 그리고 유럽이라면 그야말로 역사와 전통이 고스란히 남아 있는 곳인데, 최소한 『로마인 이야기』를 3번은 읽고 수년간 그 나라의 역사를 공부한 후 다녀와야 하는 게 아닐까? TV에서 여행 프로그램을 보고 '앗! 나 저곳에 다녀왔는데, 저런 역사적 배경이 있었구나' 하는 일만큼은 없어야 하지 않을까 싶다.

유럽은 무작정 신용카드를 긁고 다녀올 곳이 절대 아니다. 그러므로 유럽 여행을 위해서는 여행지 관련 공부뿐만 아니라 1년 여행 예산을 최소 3년 정도는 모은 뒤 떠나야 옳다.

 ## 1위: 6개월 치 월 소득 이상을 차값에 소비한다

○ 과소비지수 ★★★★★

돈쭐남이 가장 경계하는 과소비 중 하나가 바로 소득 대비 비싼 차를 구매하는 것이다. 그런데 돈쭐남이 보기에 우리나라 사람들은 자신의 소득 대비 과하게 비싼 차를 탄다.

많은 사람이 차를 보면 그 사람의 경제력을 추측할 수 있다고 생각하지만 돈쭐남이 보기에는 절대 그렇지 않다. 미국인들은 차를 보고 그 사람의 경제력이나 사회적인 지위를 추정하지 않는다고 한다. 대신 그 사람이 식당에서 내미는 카드를 보고 부자인지를 판단한다고 한다. 즉 금융이 발달된 미국에서도 좋은 차를 탄다는 것이 그 사람의 경제적인 성공을 입증하는 게 아니라는 말이다. 다른 의미로 우리나라도 마찬가지다. 차를 보고 결코 그 사람의 경제력을 알 수 있는 게 아니다. 오히려 그 사람의 허세지수를 알 수 있다.

다음의 차 질량지수를 살펴보자. 차 질량지수는 차값을 6개월 치 월 소득으로 나눈 값으로, 그 사람의 허세지수를 알 수 있는 수치다. 물론 돈쭐남이 만든 개념이지만 차를 구매해도 되는지, 구매한다면 차값에 어느 정도 소비하는 게 적절한지 판단하는 기준이 된다. 차값이 6개월 치 월 소득이라면 차 질량지수는 1이다. 여러 상황

◇ 차 질량지수(허세지수) ◇

허세 없음		정상		과한 허세	고도 허세	허세 작렬
0	0.7	1.0	1.5	2.0	2.5	

$$차\ 질량지수 = \frac{차값}{6개월\ 치\ 월\ 소득}$$

을 감안해서 차 질량지수가 1.5까지는 괜찮지만, 그 이상이라면 허세일 수 있다. 보통 차는 차값의 1.5%의 월 유지비와 1% 정도의 월 감가가 발생한다. 차를 사고 보통 5년이 지나면 차값의 65%가 감가되기 때문이다.

예를 들어 월 소득 500만 원인 직장인이 제네시스 G70을 뽑았다고 가정해 보자. 이 차를 구매할 때 일반적인 옵션을 선택했다면 차값은 약 5,040만 원이다. 유지비와 감가비가 대략 차값의 2.5%이니 매달 약 126만 원을 지출하게 된다. 그러므로 이 차를 구매하는 순간 내 월급은 더 이상 500만 원이 아닌 374만 원이 되는 셈이다. '정말 이렇게 많은 돈이 들어갈까?' 하고 의심된다면 아래 내용을 보기 바란다. 차를 구매하는 순간 필수적으로 12가지의 비용을 소비하게 된다.

차 구매 시 필수적으로 소비하게 되는 12가지 비용
- 3료: 보험료, 통행료, 과태료(범칙금)
- 7비: 주유비, 주차비, 세차비, 수리비, 발렛비, 대리비, 감가비
- 2금: 세금, 차 할부금

월 소득 500만 원인 직장인이라면 사실 고소득자이므로, 월 소득 300만 원 직장인이 차를 구매했을 때 소비하게 되는 관련 비용을 계산해 보겠다.

딱 1억만 모읍시다

월 소득 300만 원인 직장인이 2,000만 원짜리 차를

5년 무이자 할부로 구매했을 때 월 비용

- 유지비: 2,000만 원 × 1.5% = 30만 원

- 감가비: 2,000만 원 × 1% = 20만 원

- 할부비: 2,000만 원 ÷ 60개월 = 33만 원

────────────────────

합계: 월 83만 원(월 소득의 약 27.7%)

왜 돈쭐남이 차값을 6개월 치 월 소득 이내로 제한했는지 이제 이해가 되는가? 만일 여러분이 차를 일시불로 구매한 게 아니라면 매달 할부금도 내야 한다. 월 소득의 6개월 치 이상의 차를 타는 게

◇ BMW 이용 vs. 차 구매 ◇

─────────────────────────────────────

월 소득 400만 원 미만   월 소득 400만 원 이상

─────────────────────────────────────

과소비가 아니라면 말하면 도대체 무엇이 과소비란 말인가?

분명히 말하지만 월 소득이 400만 원이 안 된다면 BMW(버스, 지하철, 도보)를 이용해야 하고 차는 사지 않는 게 맞다. 차를 사더라도 차값이 6개월 치 월 소득 이내여야 한다.

지금까지 돈쭐남은 1억 원 모으기를 가로막는 10가지 과소비를 지적했다. 과소비가 아닌 것처럼 보이지만, 경계심 없이 자주 반복한다면 과소비가 되는 것들이다. 이러한 소비는 '가랑비에 옷 젖는다'는 말처럼 저축의 여력을 없앤다. 10가지 과소비를 안 할 수 있는 용기를 가져라. 그러면 여러분도 5년 안에 1억 원 모으기에 성공할 수 있을 것이다.

10가지 과소비를 안 해도
1억 원 모으기를 실패하는 이유

앞서 돈쭐남이 말한 10가지 과소비 항목은 고정비의 속성을 가지는 경우가 많다. 특히 주거나 자동차 관련 비용처럼 이사를 가거나 차를 팔아치우지 않는 한 당장 바꾸기가 어려운 것은, 미래 과소비를 확정해 버리는 고정비다.

돈쭐남이 만나본 직장인 중에는 이 10가지 과소비를 모두 안 하는 용기 있는 사람도 꽤 많았다. 그럼에도 놀라운 사실은 그중에서 돈을 모으지 못하는 사람도 꽤 있다는 사실이다. 대체 그 이유가 무엇일까?

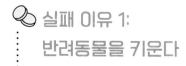

실패 이유 1:
반려동물을 키운다

첫째는 자기 자신한테 지출하는 비용보다도 더 많은 돈을 강아지나 고양이 같은 반려동물에게 지출하는 경우다.

KB경영연구소가 발표한 〈2023 한국 반려동물 보고서〉에 따르면 국내 기준 2022년 말 국내 기준 552만 가구, 1,262만 명이 반려동물과 함께 살아가고 있다고 한다. 네 집 중에 한 집꼴로 반려동물을 키우는 셈이다. 이러한 추세에 맞추어 반려동물 관련 산업도 2000년대 이후 비약적으로 성장했다.

하지만 그에 따른 사회적인 문제도 함께 커지고 있다. 우리나라의 연간 유기동물 수가 15만 마리에 이를 정도로, 발생하는 부작용또한 심각한 상황이다. 키우던 반려동물을 책임지지 못하는 나름의여러 이유가 있겠지만 아무래도 경제적인 문제가 큰 비중을 차지할것이다.

돈쭐남은 10가지 과소비를 하지 않음에도 반려동물 때문에 경제적인 문제를 겪고 있는 사람을 만난 적이 있다. 그녀의 월 소득은아주 적은 편이 아니었음에도 그녀가 겪는 경제적인 문제는 시간이지날수록 점점 더 심각해지고 있었다.

이주림(가명, 33세) 씨는 8년째 서울살이를 하면서 커진 외로움을 달래고자 반려견을 키우기 시작했다. 현재는 8살 비숑 프리제와 7살

푸들 총 2마리를 키우고 있는데, 처음 입양한 반려견이 슬개골 수술을 받고 운동 부족으로 건강이 악화되면서 병원비가 만만치 않게 들어가게 되었다. 도저히 월급만으로는 감당할 수 없어 적금까지 깨서 병원비를 충당하고 있다. 그뿐만 아니라 얼마 전에는 신장에도 문제가 있다는 진단을 받아서 특수 사료 구입과 정기적인 병원 치료로 반려견에 들어가는 비용이 기하급수적으로 증가했다. 그녀는 월 소득 350만 원으로는 도저히 이 비용을 감당할 수 없어 주거비를 아끼기 위해 여러 번 이사도 했지만, 그럼에도 저축은 꿈도 꾸지 못하는 상황이다.

월 소득이 350만 원인 그녀의 한 달 생활비 내역은 다음과 같다.

월 소득 350만 원인 이주림 씨 한 달 생활비
• 월세: 45만 원
• 대출 이자: 34만 원
• 식생활비: 80만 원
• 공과금: 15만 원
• 통신비: 15만 원(인터넷, OTT 포함)
• 교통비: 15만 원
• 쇼핑: 30만 원(생활필수품)
• 문화레저비: 10만 원
• 반려견 생활비: 60만 원(특수 사료 포함)

- 반려견 병원비: 50만 원
- 부모님 용돈: 23만 원

_____

합계: 377만 원(월 소득에서 27만 원 초과)

그녀의 생활비 내역을 보면 10가지 과소비 항목은 전혀 보이지 않지만, 반려견 관련 비용으로 매달 110만 원을 지출하다 보니 저축을 전혀 하지 못하고 있다. 사실 지금 반려견들에게 지출하는 비용만큼 저축했다면 매년 10% 증액저축 방식으로 그간 충분히 1억 원 이상은 모았을 것이다.

반려인에게는 반려동물은 가족과 같은 매우 소중한 존재이므로 함께 지내는 15~20년간은 적지 않은 돈이 고정비로 들어간다. 반려동물을 입양하거나 분양받을 때는 이런 점을 신중히 고려해야 하는데 외롭다거나, 귀엽다는 이유 하나로 섣불리 판단하고 나중에 곤란을 겪는 일이 너무 많다. 반려동물을 키우는 일은 자녀를 1명 낳아서 키우는 일과 맞먹는 '무한한 책임감'이 동반되어야 함을 반드시 명심해야 한다. 반려동물을 키우는 일은 평생 어른이 되지 않는 아이를 키우는 일과 같기 때문에 경제적 안정 없이 덜컥 결정한다면 10가지 과소비를 하지 않더라도 1억 원 모으기는 어려워질 수 밖에 없는 것이다.

딱 1억만 모읍시다

실패 이유 2:
가족에게 과도한 경제적 지원을 한다

둘째는 부모님, 형제, 자매, 조카 등 가족에게 과도한 경제적 지원을 하는 경우다. 다만 부모님에게는 반드시 경제적 지원을 해드려야 하는 상황이 있을 수 있다. 건강이 안 좋으셔서 경제활동을 할 수 없으시다면, 자식이 반드시 부모님께 경제적 지원을 해드려야 한다. 하지만 경제적 지원이 꼭 필요하시지 않은데도 과하게 돈을 드린다면 이는 잘못된 소비다. 직장생활을 한다고 마치 본인이 슈퍼맨이나 슈퍼우먼이 된 것으로 착각해서는 안 된다. 부모님께 효도하지 말라는 말이 아니다. 어쩔 수 없이 가족의 생계를 책임져야 하는 입장이 아님에도 가족에게 과도한 경제적 지원을 하면 경제적 독립을 하는 데 방해가 될 수도 있다는 의미다.

돈쭐남이 만난 직장인 중 부모님이 용돈이나 생활비를 요구하신다고 말하는 경우도 있었다. 대개는 부모님이 그 돈을 모아서 나중에 목돈을 만들어 주실 생각으로 그런 요구를 하신다. 그런 게 아니라면 보통 월 10~20만 원을 요구하시는 경우가 많은데, 이 금액 역시 여러분의 월 소득에 따라 달라져야 할 것이다. 부모님께 드리는 용돈은 절대로 무리가 되는 금액이면 안 된다. 왜냐하면 한번 드리기 시작한다면 평생 드려야 하기 때문이다.

이와 달리 형제, 자매, 조카 용돈은 정기적으로 주기보다는 비정기적으로 주는 게 좋다. '호의가 계속되면 권리인 줄 안다'라는 말처럼 효과가 반감할 수 있기 때문이다.

　돈쭐남은 부모님에게 꼭 경제적으로 지원해 드리지 않아도 되는 상황이라면 아주 적은 금액, 혹은 죄송스럽지만 가능하면 안 드릴 수 있다면 그 방법도 좋다고 말한다. 단, 부모님에게 용돈을 안 드리는데 명품 구매, 주기적인 해외 여행 같은 과소비를 한다면 돈쭐남에게 정말 혼쭐나야 할 일이다. 부모님에게 경제적 지원을 해드리지 말라는 돈쭐남의 조언에는 부모님께 본인의 재정적인 목표를 설명해 드리고 열심히 저축하는 모습을 보여드린다는 전제가 깔려 있다.

실패 이유 3: 과도한 금액의 기부금과 헌금을 납부한다

셋째는 바로 과도한 기부금과 헌금으로 경제적 어려움을 겪는 경우다. 이 부분은 상당히 민감한 주제다. 그럼에도 돈쭐남이 용기를 내서 말하는 이유는, 간혹 소득 대비 과한 금액의 기부나 헌금을 하는 직장인을 종종 만나기 때문이다. 심지어 그것 때문에 정작 본인은 경제적인 어려움을 겪는 직장인도 보았다. 헌금은 본인의 종교적인 신념의 문제이지만 지나치면 분명 문제가 된다. 베풂으로써 기쁨을 느끼는 게 아닌 관습적인 문화 때문에 부담스러워 하면서도 기부금과 헌금을 납부하는 경우를 보게 되는데, 그런 모습을 보면 이런 행위가 정말 의미 있는지 의구심이 들기도 한다.

이종연(가명, 28세) 씨는 대학생 때부터 서울살이를 시작해 10년째 타지생활 중인 직장인이다. 모태 신앙이었던 그녀는 서울에 올라와서도 열심히 교회에 다니고 있다. 그녀는 현재 학자금대출과 신용대출을 포함해서 총 7,400만 원의 빚이 있는 상황이지만, 종교에 대한 믿음이 강해 매달 85만 원씩 기부금과 헌금으로 지출하고 있다. 그러다 보니 저축은 거의 하지 못하고 있다. 재테크 세미나에 참석하는 등 경제적 준비에도 관심은 있지만 좀처럼 미래를 열어가는 데 있어서 길을 찾지는 못하고 있다.

월 소득이 290만 원인 그녀의 한 달 생활비 내역은 다음과 같다.

월 소득 290만 원인 이종연 씨의 한 달 생활비

- 월세: 50만 원
- 대출 이자: 30만 원
- 청약 저축: 10만 원
- 식생활비: 60만 원
- 공과금: 10만 원
- 통신비: 10만 원(인터넷, OTT 포함)
- 교통비: 20만 원
- 쇼핑: 20만 원(생활필수품 포함)
- 유니세프 기부금: 5만 원
- 선교단체 후원금: 30만 원

- 십일조: 30만 원
- 기타 헌금: 20만 원

_____

합계: 월 295만 원(월 소득에서 5만 원 초과)

적은 월급이지만 눈 씻고 보아도 과소비라고는 전혀 없는 그녀가 저축을 못 하는 이유는 명확하다. 매우 큰 금액의 대출금 때문에 매달 적지 않은 금액의 대출 이자까지 납부해야 하는 상황에서, 현재 그녀가 매달 납부하는 헌금과 기부금은 월 소득의 약 29.3%다. 오해를 방지하기 위해 미리 말하는데, 돈쭐남도 교회에 나가고 있다. 사이비 종교가 아니라면 어떤 종교도 교인에게 헌금을 강제하지 않는다. 이 문제는 본인의 종교적인 신념을 떠나 반드시 개선되어야 한다고 그녀에게 조언했다. 그녀도 돈쭐남에게 스스로도 참 고민스러운 부분이라고 말했다. 그녀는 매우 기쁜 마음으로 자발적인 헌금과 기부를 하고 있지만, 적어도 그녀의 상황에서는 본인을 더 챙기는 건설적인 이기주의도 필요하지 아닐까?

경제학의 대가로 불리우는 애덤 스미스[Adam Smith]는 이런 말을 했다.

"우리가 멋진 저녁 식사를 기대할 수 있는 이유는
정육점 주인과 빵 굽는 사람의 자비심 때문이 아니라
그들이 자신의 이익을 열심히 추구했기 때문이다."

딱 1억만 모읍시다

결국 경제 발전이란 그 시작이 이기적인 경제적 동기에서 비롯되었다는 의미다. 이 세상은 누구나 가장 중요한 자신을 아끼고 챙기며 열심히 살아가는 건설적인 이기주의에 의해서 발전하고 돌아가는 것이기 때문이다. 다른 사람에게 피해를 주면서 자신의 것을 탐한다면 그것은 분명히 비난받아야 하지만, 성실히 경제활동을 하면서 지금의 나 자신과 내 것, 내 미래를 챙기는 일은 너무나도 당연한 일이고 칭찬받아야 하는 일이다.

바로잡아야 하는
4가지 잘못된 경제 개념

10년이면 강산이 변한다는 말이 있다. 세상이 변하는 속도는 점차 더 빨라지고 있다. 기성세대가 살면서 쌓아온 경험과 지식의 상당수는 오늘날에는 들어맞지 않을 수 있다. 이렇게 문명은 빠르게 변화하는데 우리의 사고방식과 행동이 그것을 쫓아가지 못한다면, 그 사람은 뒤처질 수 밖에 없다. 이처럼 달라지는 문화를 쫓아가지 못하는 사회 현상을 가리켜서 '문화지체 현상'이라고 한다.

경제 개념도 마찬가지다. 과거에는 옳은 내용인데 이제는 그러지 못한 부분이 있다. 지금부터 돈쭐남이 말하는 '4가지 잘못된 경제

　　　　　　　　　　　딱 1억만 모읍시다

개념'도 빠르게 변화하는 세상 속에서 발생하는 부작용, 즉 '문화지체 현상'이라고 할 수 있다.

🪙 나의 잘못된 경제 개념 확인하기

그렇다면 문화지체 현상으로 잘못 알고 있는 경제 개념은 무엇일까? 다음의 질문을 보고 자신의 솔직한 생각을 답해보자.

> ✎ Self Check   Yes   No
>
> ○ **경제적으로 안정된 노후를 결정하는
>   가장 중요한 것은 재테크 성공이다.**   ☐   ☐
>
> ○ 그렇게 대답한 이유는?

Self Check

○ 자기자본 1억 원을 투자해 창업했는데, 월 매출이 1,000만 원, 인건비·임대료·재료비 등 월 비용이 500만 원이었다. 그렇다면 순수익은 얼마일까?

☐ 1,000만 원　　☐ 500만 원　　☐ 500만 원 미만

○ 그렇게 대답한 이유는?

Self Check　　　　　　　　　　　Yes　　No

○ 투자의 위험을 줄이기 위한 진정한 분산 투자 방법은 여러 주식 종목에 나누어서 투자하는 것이다.　☐　☐

○ 그렇게 대답한 이유는?

딱 1억만 모읍시다

아마도 대다수가 이 질문을 보고 자신이 당연하게 옳다고 생각했던 내용이기에 질문의 의도가 무엇인지 생각했을 수도 있다. 왜냐하면 '너무나도 당연한 내용을 왜 질문하지?'라고 생각되기 때문이다.

그런데 사실 이 질문들은 많은 사람이 잘못 알고 있는 경제 개념을 바탕으로 만든 것이다. 돈쭐남은 상당수가 이 질문에 틀린 답을 했을 거라 확신한다. 1억 원 모으기에 성공하려면 잘못된 경제 개념을 바로잡는 게 선행되어야 하므로, 지금부터 어느 부분이 잘못되었는지 그 내용을 하나씩 살펴보겠다.

잘못된 경제 개념 1:
노후와 재테크의 상관 관계

'YES'라고 답했다면 틀린 답이다. 그렇다고 경제적으로 안정된 노후를 결정하는 데 재테크의 성공이 전혀 중요하지 않다는 말은 아니다. 재테크에 성공한다면 노후 준비에 분명히 도움이 될 것이다. 그럼에도 돈쭐남이 지적하는 이유는 '가장 중요한'이란 말 때문이다. 우리는 은연중에 경제적으로 안정된 노후를 위한 최우선 과제로 재테크를 생각하는 경향이 있다. 하지만 주위에서 경제적으로 안정된 노후를 보내는 분들을 보면 그들은 단순히 재테크 성공'만'으로 안정된 노후 생활을 하는 게 아니라 재테크'도' 성공한 케이스가 대다수다.

◇ 우리나라 경제 성장률 ◇

출처: 한국은행, 통계청

　　IMF 외환위기 때를 제외하고는 1990년대에는 평균 경제 성장률
이 7%를 넘는 그야말로 고도 성장기였다. 이렇게 높은 경제 성장률
은 2000년대 초까지도 이어져서 금융위기가 있었던 2008~2009년
을 제외하고는 2000년대에는 평균 5.6%였다.

　　경제 성장률이란 실질적인 소득 상승을 보여주는 지표다. 다시
말해 경제 성장률이 높았다는 말은 실질소득이 증가했다는 말이다.
경제 성장률이 높았던 시기에는 그에 따라 자산 가격도 비약적으로
높아지기 때문에 당연하게도 주식이나 부동산 투자와 같은 재테크
열풍이 일어나게 된 것이다. 이 시기가 바로 MZ세대의 부모님과 조

부모님세대가 경제활동을 한창 하시던 시기다. MZ세대는 재테크 성공으로 부모님과 조부모님세대가 경제적으로 안정적인 노후를 보내시는 것을 간접적으로 목격, 혹은 그 이야기를 들으면서 성장한 세대이다 보니 어쩔 수 없이 재테크 성공을 동경하게 된다. 이런 결과로 '경제적으로 안정된 노후를 위한 유일한 방법은 재테크에 성공하는 것뿐이다'라는 구시대적 생각을 가지게 된 것이다.

하지만 지금은 다르다. 2010년대에는 평균 경제 성장률이 약 3.3%로 급격히 감소했다. 그뿐만 아니라 기준금리도 2020년에 제로금리 시대의 막을 열었다. 물론 엔데믹 이후 기준금리가 높아지긴 했지만, 많은 전문가가 기준금리 인하를 예측하고 있다. 이러한 경제지표는 그만큼 경기는 하락하고 성장이 둔화되고 있다는 반증이다.

사실 이러한 분위기는 2000년대에 들어오면서부터 생겼다. 특히 미국의 리먼 브라더스^{Lehman Brothers} 파산으로 촉발된 2018년 글로벌 금융위기는, 미국뿐만 아니라 전 세계를 급격한 신용 경색의 국면으로 몰아넣었다. 미국은 이 위기를 극복하기 위해 연방준비제도^{Federal Reserve System, Fed}(연준)가 기준금리를 무려 0.2%까지 낮추는 파격적인 초저금리 정책을 시행했고 낮아진 금리에 자산 시장은 다시 들썩이기도 했지만, 과거와 같은 안정된 경제 성장은 사라지고 상황에 따라 폭등과 폭락이 반복되며 엄청난 변동성을 가지게 되었다.

이런 변동성은 2020년대까지 이어져 오고 있다. 2020년 코로나19 팬데믹으로 엄청난 자산 가격의 폭등으로 이어지더니 2022년 금리 인상과 더불어 또 다시 폭락으로 전환하는 등, 과거처럼 자산 시

딱 1억만 모읍시다

장에서 누구나 꾸준히 상승하는 안정된 수익이 확보되던 때와 달리 위험이 극에 달하는 모습을 보이고 있는 것이다.

더 이상 '경제적으로 안정적인 노후＝재테크 성공'이 아니다

결론적으로 낮은 경제 성장률, 낮은 기준금리, 변동성이 심해진 자산 가격과 같은 상황 속에서 '경제적으로 안정된 노후를 위해 가장 중요한 방법이자 유일한 해결책은 오로지 투자에 성공하는 길뿐이다'라는 생각은 잘못된 경제 개념일 수 있다. 물론 자산 시장에서 성공하는 사람은 언제나 있기 마련이다. 하지만 이제는 더 이상 시장 참여자들에게 고르게 투자 성과가 주어지던 시대가 아니다.

'경제적으로 안정적인 노후=재테크 성공'이란 공식보다는 앞으로 길어진 평균 수명과 증가하는 노령 경제활동 인구에 발맞추어 은퇴 이후에도 건강하게 사회활동을 연장하는 것이 노후 준비에 있어 재테크보다 더 중요한 필수 조건이 될 것이다. 여기서 사회활동이란 돈을 벌어들이는 경제활동이 아니더라도 꾸준히 공동체에서 활동하며 일을 할 수 있는 것을 포함하는 개념이다. 이런 사회활동도 은퇴 전부터 오랜 기간 준비가 필요하다. 건강하게 사회활동을 연장할 수 있다면 언젠가는 경제활동으로 이어질 수도 있고, 여가생활에만 사용하는 시간이 자연스럽게 줄게 되니 급격한 생활비의 증가도 막을 수 있다. 건강한 사회활동이 가장 중요한 이유는 돈을 번다는 것뿐만 아니라 3대 노후 문제인 돈, 건강, 외로움을 가장 근본적으로 해결하는 방법이기 때문이다.

만일 여러분이 경제적으로 안정된 노후 준비에서 가장 중요한 것이 재테크라고 생각해 아침부터 저녁까지 휴대폰으로 주식창을 들여다보는 일에만 몰두한 나머지, 어떻게 은퇴 후에 건강하게 사회 활동을 연장할 것인지에 대한 준비를 소홀히 한다면, 의도와 다르게 정말로 경제적으로 안정된 노후생활이 불가능해질지도 모른다.

잘못된 경제 개념 2: 자영업자의 진짜 수익

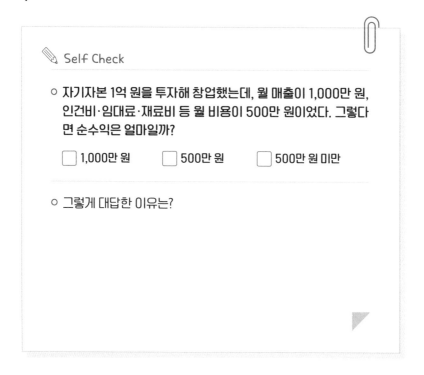

✎ Self Check

○ 자기자본 1억 원을 투자해 창업했는데, 월 매출이 1,000만 원, 인건비·임대료·재료비 등 월 비용이 500만 원이었다. 그렇다면 순수익은 얼마일까?

　☐ 1,000만 원　　☐ 500만 원　　☐ 500만 원 미만

○ 그렇게 대답한 이유는?

물론 이 질문에 1,000만 원이라고 대답한 사람은 없을 것이라고 생각하지만 500만 원이라 답한 비율은 높을 거라 예상한다. 그런데 1,000만 원도, 500만 원도 틀린 답이다.

라디오에서 들은 한 청년의 이야기를 소개하겠다.

카페에서 아르바이트를 하는 한 청년이 있다. 이 청년의 월 소득은 200만 원 정도였는데, 어느 날 어머니의 제안으로 동네 어귀에 직접 카페를 창업하게 되었다. 그때 어머니는 아들을 위해 1억 원이라는 큰돈을 투자해 주셨다.

청년은 창업 후 한 달 동안 열심히 일하고 매출과 비용을 확인해 보니, 생각보다 순수익이 높아 깜짝 놀랐다. 임대료, 인건비, 재료값, 각종 공과금 등 비용을 제외한 수익이 약 500만 원 정도였기 때문이다. 한 달 내내 일하면서 받던 200만 원 남짓 되던 수입보다 2.5배 증가한 것을 확인한 청년은 기쁜 마음을 감출 수 없었다.

이 청년이 한 달 동안 번 순수익이 정말 500만 원이 맞을까? 만약 이 청년과 여러분이 500만 원을 순수익이라 생각했다면 이는 착각이다. 왜 그럴까?

'매출 – 비용'이 모두 순수익이 아니다

과거 청년이 아르바이트를 할 때와 달리, 카페를 창업할 때는 1억 원의 자본이 투자되었다. 따라서 1억 원이란 투자금을 일정 기간 동안 회수해야만 한다. 그 기간이 5년이면 매출에서 월 167만 원씩, 3년이면 월 278만 원씩 추가로 제하고 생각해야 되는 것이다. 즉 매출에서 임대료, 인건비, 재료값, 각종 공과금 등과 같은 비용뿐만 아니라 투자금을 제한 게 순수익이다. 3년 내에 투자금을 회수해야 한다고 가정한다면, 500만 원에서 278만 원을 뺀 222만 원이 실제 수익인 셈인 것이다.

그럼 222만 원은 진짜 이 청년의 순수익이 맞을까? 그 또한 틀렸다. 당장의 매출이 높다고 해서 앞으로도 계속 이 정도의 매출이 나온다는 보장이 없다. 만일 3년 동안 투자금 1억 원을 다 회수했다고 하더라도 일정 시점이 지나면 시쳇말로 '개업빨'이 사라져서 개업 초보다 장사가 잘 안 될 가능성이 높다. 아마도 거의 모든 자영업자가 이런 수순을 밟는다. 지금의 매출과 수익을 유지하려면 인테리어를 바꾼다거나 새로운 메뉴를 개발하는 등 투자가 지속적으로 이루어져야만 한다. 대부분의 성공한 자영업자가 매출 성장을 위해 지속적인 투자를 했던 것처럼 말이다. 그리고 성장에는 그만큼의 노력과 투자가 동반되어야 한다.

정리하면 222만 원 중에서 최소 20% 정도는 사업 유지를 위해 투자해야 하기 때문에 222만 원도 순수익이 아닐 수 있다. 하지만 당장 눈앞의 500만 원에 심취해 투자 없이 이 돈을 모두 소비해 버린다면 사업을 지속할 수 없게 되는 것이다.

딱 1억만 모읍시다

잘못된 경제 개념 3:
올바른 분산 투자 방법

주식과 같은 위험자산에 처음 투자하는 사람들이 변동성에 의한 위험을 줄이기 위해 분산 투자를 한다. 그렇다면 투자 종목을 분산하면 정말로 위험을 줄일 수 있는 것일까?

주식 시장의 위험을 초래하는 변동성의 원인은 크게 두 가지다. 첫째는 시장의 위험, 둘째는 기업의 위험이다. 시장의 위험이란 시장에 있는 모든 종목에게 똑같이 악영향을 주는 사건을 말한다. 예를 들면 경기 침체나 금융위기 같은 것이며, 코로나19 펜데믹 같은 사건도 여기에 해당한다. 반면 기업의 위험이란 특정 기업에만 생기는 악재를 의미한다. 산업별로 생기는 업황의 변화나 특정 기업에 발생하는 사건은 그 기업의 미래가치를 낮추는 사건이다. 예를 들어 원유 가격이 폭등하면 항공사의 실적에 치명적이고, 금리가 낮아지면 금융 회사의 실적에 치명적이다. 이런 환경 변화는 모든 기업이 아닌 특정 기업에게만 영향을 준다.

종목 분산 투자는 두 번째 위험을 줄이는 데 도움이 된다. 항공사의 주식만 사는 게 아니라 일정 금액을 정유사 주식에도 투자하면 원유 가격 폭등으로 하락하는 항공사의 주가를 정유사의 주가 상승으로 메울 수 있게 되는 것이다. 이처럼 내 주식 바구니에 담아두는 종목의 개수가 늘어나면 늘어날수록 분산 투자의 효과는 극대화된다.

올바른 분산 투자 방식은 전략적 자산 배분과
전술적 자산 배분 모두를 실천하는 것이다

사실 투자금을 여러 곳에 분산할수록 평균 수익률 또한 낮아진다. 그뿐만 아니라 여러 주식 종목에 분산 투자하는 것도 위험이 있다. 앞서 언급한 대로 2000년대 들어와서 자산 시장은 폭락과 폭등을 반복하며 변동성이 커졌는데, 그 원인은 10년에 한 번씩 시장에 충격을 주는 경기 침체나 금융위기 또는 코로나19 펜데믹 같은 '시장의 위험'이 발생했기 때문이다. 즉 종목을 분산하는 것만으로는 투자 위험을 헤지hedge하는 데 한계가 있다. 따라서 진정한 분산 투자는 주식 종목의 분산 투자가 아니다. 바로 주식과 안전자산의 분산 투자다.

이해를 돕기 위해 예를 들어 설명하겠다. 1억 원을 모은 사람이 1억 원 중 8,000만 원은 은행 예금에, 2,000만 원은 주식에 분산해서 투자한다면 어떨까? 반면에 2,000만 원 밖에 모으지 못한 사람이 2,000만 원 전부를 주식에 투자하되 여러 종목에 분산 투자한다면 어떨까?

여기에서 전자의 분산 투자 방식은 전략적 자산 배분, 후자의 분산 투자 방식을 전술적 자산 배분이라고 한다. 만약 위험자산인 주식에만 투자했을 때 시장의 위험이 발생하면 안전자산인 예금과 분산 투자했을 때보다 위험이 훨씬 크다. 투자금이 얼마인지를 떠나 투자금 2,000만 원을 100% 잃는 위험이다. 그러므로 돈쭐남이 말하는 올바른 분산 투자는 전술적 자산 배분보다 전략적 자산 배분이다.

- **전략적 자산 배분: 안전자산(예금)과 위험자산(주식)에 분산 투자**
- **전술적 자산 배분: 위험자산(주식)에 투자하되 여러 종목에 분산 투자**

그런데 좀 더 생각해 보면 전략적 자산 배분과 전술적 자산 배분 모두를 실천한다면 진정한 분산 투자라고 할 수 있을 것이다. 1억 원 중 8,000만 원은 예금하고, 나머지 2,000만 원은 주식에 투자하되 여러 종목에 분산해서 투자하는 방법이 그것이다.

잘못된 경제 개념 4:
월급의 진짜 주인

많은 사람이 이 질문에 고개를 갸우뚱하며 100%라고 답했을 거라 생각한다. 고민할 여지도 없이 골랐겠지만 100%는 틀린 답이다.

많은 사람이 월급은 아무런 자본 투자 없이 순수하게 나의 노동의 대가로 받는 거라 생각하는데, 이는 착각이다. 세상에서 생산을 위해서 투자되는 자본재 중에서 감가되지 않는 것은 토지뿐이다. 자본재 중 하나인 나의 시간(젊음)과 건강, 능력도 감가된다는 사실을 명심해야 한다. 취업난을 감안해서 30세에 취업해 60세까지 일한다고 가정해도 평생 동안 월급은 꼴랑 360번 받는데, 20~30년 후의 나

딱 1억만 모읍시다

에게는 더 이상 젊음은 없다. 우리의 인생에서 매우 중요한 자원을 노동에 투자해 월급을 받고 있다는 사실을 명심해야 한다.

월급은 지금의 나와 미래의 내가 함께 사용해야 하는 공금이다

따라서 월급을 받기 위해 지금까지 투입된 자본의 회수가 필요하다. 월급은 유한한 자원이고 나의 시간과 건강, 능력도 유한하다. 이러한 감가를 보완하기 위해서 저축이 반드시 필요한 것이다. 월급이란 지금의 나뿐만 아니라 5년 후의 나, 10년 후의 나, 그리고 20~30년 후의 나와 나누어서 사용해야 하는 공금이기 때문이다. 만일 현재를 즐기기 위해 월급 전부를 지금의 나를 위해서만 사용한다면 여러분은 머지 않아서 돈, 젊음, 건강, 능력 그 어느 것도 남지 않은 미래의 나에게 엄청난 후회를 안길 수 있다는 점을 기억해야만 한다.

돈을 모으지 못하도록 만드는 10가지 말버릇

평소 자신이 생각하고 마음에 담아두었던 것이 행동으로 발현되는 경우가 많다. 그렇다면 그 생각과 마음에 영향을 주는 가장 큰 요소가 무엇일까? 그것은 단연코 '소리'다. 많은 심리학자가 듣는 것이 우리의 무의식에 가장 큰 영향을 줄 수 있다고 말한다. 우리가 무심결에 내뱉은 혼잣말이 그 말을 가장 먼저 듣게 되는 자신의 무의식에 분명히 영향을 줄 수 있다는 말이다. 의식은 무의식의 결과물인 만큼, 혼잣말로 의식이 바뀌면 생각이 바뀌고 바뀐 생각이 행동으로 이어지면 결국 우리 인생에 영향을 미친다.

딱 1억만 모읍시다

마찬가지로 돈을 모으는 행동도 우리의 생각이 영향을 준 것이다. 그리고 이 생각은 우리가 무심코 내뱉은 말에 영향을 받았을 가능성이 크다. 반대로 말하면 우리가 제대로 돈을 모으지 못하도록 하고 불필요한 소비를 하게 하는 데 영향을 준 우리의 잘못된 말버릇이 있을 수 있다는 말이다. 지금부터 나열하는 말들을 여러분이 일상에서 자주 사용한다면, 아마도 여러분은 돈 모으기가 매우 힘들 가능성이 높다. 자신의 말버릇을 되돌아보았을 때 만일 5개 이상을 일상생활에서 흔히 말한다면, 반드시 이 말버릇을 고쳐야 할 뿐만 아니라 오히려 그 반대로 생각하고 말하는 연습을 당장 시작해야 한다.

잘못된 말버릇 1: "고생한 나에게 보상해야 돼"

돈쭐남은 주변에서 "고생한 나에게 보상해야 돼"라는 말을 하며 행동에 옮기는 사람을 많이 본다. 습관처럼 이 말을 반복하면 어떤 문제가 생기는 것일까?

어떤 일을 잘 마무리한 사람에게 주어지는 진짜 보상은 바로 성취감과 보람이다. 하루 일과를 마친 사람에게 주어지는 저녁 시간의 휴식, 평일 5일 동안 수고한 사람에게 주어지는 주말의 달콤한 휴식이 진짜 보상이다. 그런데 별로 고생하지 않은 상황에서도 굳이 나에게 보상해야 한다는 말을 자주 사용하다 보면 자신에게 보상하는 방법은 곧 소비라는 하나의 공식이 되어 버릴 수 있다. 고생하지 않았으니 보람이나 휴식이 굳이 필요하지 않기 때문에 소비하는 방식으로 보상하기 때문이다. 그리고 이것은 과소비로 이어질 가능성이 높아지게 된다. 흔히 이런 것을 '보상 심리'라고 하는데 보상 심리는 심리학적으로 자기 합리화에 가까운 용어다. 고로 "고생한 나한테 보상해야 돼"라는 말은 과소비를 합리화해서 문제의식을 가지지 못하게 하므로, 반드시 고쳐야 하는 말버릇이다.

잘못된 말버릇 2: "지금 아니면 언제 해보겠어?"

이 말에는 본능적으로 그 행동을 지금 하면 안 된다는 것을 스스로 너무나도 잘 알고 있다는 사실을 담고 있다. '지금 할 것인가?'와 '나중에 할 것인가?'를 고민한다면 나중에 하는 게 맞다. 그럼에도 지금 하고 싶다면 '지금 아니면 언제 해보겠어?'라고 생각하며 지금 이 일을 하는 자신의 행동에 정당성을 부여한다.

마찬가지로 당장 불필요한 소비를 할 때마다 면죄부를 주는 이런 말을 반복하면 우리의 지갑은 얇아질 것이다. 그러므로 오늘부터는 반대로 말하자. "지금 하지 말아야 언젠가 제대로 할 수 있다!"

딱 1억만 모읍시다

잘못된 말버릇 3:
"인생은 단 한 번뿐이다"

'You only live once!'는 '인생은 단 한 번뿐이다'라는 뜻으로 욜로를 의미하지만, 돈쭐남은 '단 한 번뿐인 인생을 대책 없이 살다'로 해석한다. 한 번뿐인 인생일수록 더욱 열심히 살아야 하고, 더욱 열심히 내일을 준비해야 하지 않을까? 인생은 단 한 번뿐이라는 말은 나의 성장과 발전에 힘이 되어야 하는데, 미래가 아닌 현재의 행복만을 중시하는 말로 사용되는 건 옳지 못하다 생각한다.

더 나아가 이 말이 잘못된 결정을 정당화하는 도구로 사용된다면 어떨까? 잘못된 소비임을 알지만 자신의 결정을 합리화해서 소비하려는 내 마음을 편하게 하려는 방어 기제로 사용된다면 말이다.

개인의 경제적 실패는 더 이상 개인의 문제로 끝나지 않는다. 사회적인 문제, 국가적인 문제가 되기도 한다. 과소비를 정당화하기 위한 목적으로 절대로 이 말을 사용하지 않기를 바란다. 단 한 번뿐인 인생을 위해서는 최선을 다해서 성실하게 살아내야만 한다.

 ## 잘못된 말버릇 4:
"인생 뭐 있냐?"

혹시 여러분의 주변에 "인생 뭐 있냐?"라는 말을 즐겨 사용하는 사람이 있다면 돈쭐남은 그 사람을 당장 멀리하라고 말하고 싶다. "농담인데 뭐 그리 진지하게 반응해?"라고 말하기에는 너무나도 무책임한 말이다. 농담도 반복되면 진담이 되고, 농담처럼 던지는 말에 내 의식과 생각이 지배되어 결국 행동으로 이어진다는 사실을 명심해야 한다. 저 말에는 '인생은 정말 특별한 게 없다. 아둥바둥 열심히 살 필요가 없다. 미래를 희생하더라도 지금만 좋으면 그만이다'라는 의미로 여러분의 성장과 발전을 가로막는다.

이제부터 이와 반대로 말해보자. "인생은 뭐 있다! 내가 어떻게 하는가에 따라 내 미래는 바뀐다. 나는 반드시 특별한 인생을 살아내고야 말 거야!"라는 말로 자신에게 주문을 걸어보면 어떨까? 놀랍게도 이 말 한마디로 여러분에게 미래 지향적인 삶을 살아갈 수 있는 힘이 생길 것이다.

잘못된 말버릇 5:
"큰맘 먹고 (   )한다"

돈 쓸 때마다 습관적으로 이런 말을 하는 사람이 있다. 자신은 평소에 과소비를 절대 하지 않는, 즉 합리적인 소비를 하는 사람이란 점을 강조하는 말이다. 하지만 이런 말을 여러 번 사용한다면 어불성설이다. 심사숙고해서 결정을 내렸을 때 "큰맘 먹고 한다!"라고 표현하는데, 이 말을 자주 사용하는 게 말이 되는가? 만약 여러분이 이 말을

딱 1억만 모읍시다

습관적으로 사용하는 말버릇이 있다면, 좀 더 신중해야 하는데도 불구하고 그런 심사숙고의 과정 없이 말만 먼저 앞서가는 것은 아닌지 되돌아볼 필요가 있다.

만약 자신이 이런 잘못된 말버릇으로 불필요한 소비를 반복한다면 돈쭐남은 소비 전에 결제 3심 제도를 거치길 추천한다.

결제 3심 제도
1심: 정말 필요한 소비인가? → 2심: 이번 달 예산은 있는가? → 3심: 대체재는 없는가?

결제 3심 제도란 소비하기 전에 합리적인 결정인지 판단할 수 있도록 스스로에게 질문을 던져 3번의 검토 과정을 거치게 하는 제도다. 정말 필요한 소비인지, 소비할 수 있는 예산이 있는지, 이 소비를 하지 않아도 되는 대체재가 있는지를 따지기 때문에, 결제 3심 제도를 거친 후에도 소비가 타당하다 생각한다면 그 소비는 합리적일 가능성이 높다.

 **잘못된 말버릇 6:
"이건 안 사면 손해다"**

행동 경제학에 바탕을 둔 자본주의 마케팅은 이익보다는 손실을 앞

세우는 경우가 많다. 사람은 심리적으로 같은 금액이라면 이익보다 손실을 더 크게 생각하기 때문이다. 따라서 "10만 원만큼 이익이 됩니다"라는 말보다 "이것을 선택하지 않는다면 10만 원만큼 손해보게 됩니다"라는 말에 마음이 더 흔들린다.

돈쭐남이 늘 강조하듯이 정당한 소비인지는 정말로 필요한 소비인지를 따진 후 판단해야 하는데, 자본주의 마케팅은 필요의 관점으로 보아야 하는 소비자의 관점을 가격의 관점으로 바꾸려고 한다. 가격이 얼마나 합리적이고 싼지를 설득하고, 지금 아니면 이런 가격 조건으로 살 수 없다는 점을 강조한다. '반값 할인' '역대급 할인' '이 가격 조건 마지막 방송' 같은 말은 여러분이 지금 소비하지 않으면 얼마나 큰 손실을 보게 될지를 구매 결정의 기준으로 삼도록 종용하는 것이다.

여러분도 혹시 '반값 할인' '역대급 할인' '이 가격 조건 마지막 방송' 같은 말을 들으면 지금 꼭 사야 한다고 생각하는가? 돈쭐남은 아니다. 이런 말을 들으면 오히려 화가 난다. 왜냐하면 '그동안 반값만 받고 팔 수도 있던 것을 비싸게 팔았던 게 아닌가?' 하는 생각이 들기 때문이다. 돈쭐남이 늘 말하지만 아무리 할인한다 해도 그것이 진짜 필요한 게 아니라면 소비는 곧 그 가격만큼 100% 손실을 보는 행위인 것이다. 반대로 말하자면 안 사면 할인율이 100%다. 돈쭐남은 어지간하면 잘 안 사기 때문에 늘 100% 할인을 받는다. 반복해서 말하지만 수익률 1% 챙기기보다 중요한 것은 불필요한 이쁜 쓰레기 소비에 돈을 쓰지 않는 것이다. 그게 곧 수익률 100%다.

딱 1억만 모읍시다

잘못된 말버릇 7:
"이거 하나만큼은 좋은 걸로"

우리나라의 옛말에 '싼 게 비지떡'이라는 말이 있다. 가격은 거짓말을 하지 않기 때문에 비쌀수록 좋다는 의미로 쓰인다. 오랫동안 사용할 물건을 내구재라고 하는데, 오랜 기간 그 성능이 유지된다는 믿음으로 내구재를 많은 돈을 지불해 구매하는 경우가 많다. 너무 가성비만 추구하면 당장은 사용할 때 차이가 없을 수는 있지만, 내구성이 떨어져서 사용 기간이 줄어들 수 있기 때문이다. 그래서 오히려 어느 정도 비용을 지불해 좋은 재화를 사서 사용 기간을 늘리는 방법이 현명한 소비일 수 있다.

그렇다고 일반적인 소비재나 소모품도 무조건 비싼 게 좋은 것만은 아니다. 그리고 비싼 게 내구성이 좋다 한들 가성비 제품이 무조건 나쁜 게 아니다. 무조건 좋은 내구성을 위해 비싼 금액을 주고 소비하는 것보다, 소비의 우선순위를 따져 지불할 금액을 고려하는 게 합리적이다. '안경 하나만큼은' '자켓 하나만큼은' '가방 하나만큼은' '신발 하나만큼은'을 반복하는 말버릇은 결국 의식적으로 가성비 추구를 멀리하게 하는 습관이 생기게 한다. "이거 하나만큼은 좋은 걸로 사야지"라는 말이 진정성을 가지려면 우선순위를 잘 따져서 합리적으로 소비해야 한다.

잘못된 말버릇 8:
"인생에서 단 한 번뿐인데"

결혼이나 출산과 같은 인생에서 중요한 이벤트를 앞두고 자주 하는 말이다. 그런데 사실 하루하루가 늘 인생에 한 번뿐인 시간이 아닌가? 그리고 사실 저런 이벤트들이 정말 단 한 번뿐일지는 아무도 모른다. 통계청이 발표한 자료에 따르면, 2023년 기준 우리나라의 혼인 건수는 19만 3,657건, 이혼 건수는 9만 2,394건으로 이제는 이혼이 굳이 숨겨야 하는 일도 아닐뿐더러 결혼을 꼭 한 번만 해야 한다는 의식도 바뀌고 있다.

결혼을 계획하는 많은 커플이 이 말을 듣고 "이게 무슨 초를 치는 소리인가?"라고 말하겠지만 돈쭐남은 결혼뿐만 아니라 이혼도 축하받을 일이라고 생각한다. 결혼도, 이혼도 모두 자신의 행복을 위한 선택이기 때문이다. 행복을 위해서는 언제든지 선택할 수 있는 일이니 인생에 단 한 번뿐인 일이라는 핑계로 특정 이벤트에 과도한 소비를 하는 데 있어 면죄부를 주어서는 절대 안 될 일이다. 재혼도 마찬가지다. 인생에 기념하고 싶은 순간이라는 이유로 자신의 처지에 맞지 않는 과소비를 한다면, 정말로 평생 한 번뿐인 이벤트라 하더라도 그 이벤트 때문에 두고두고 경제적 어려움을 겪을 수도 있을 것이다.

딱 1억만 모읍시다

잘못된 말버릇 9:
"내가 이거 하려고 돈 벌지"

"내가 이거 하려고 돈 벌지"라는 말버릇도 현재의 만족을 위해 과소비를 정당화하는 잘못된 말이다. 이 말은 즉흥적인 소비를 합리화할 때 사용하는 경우가 많은데 이런 말을 습관적으로 반복하다 보면 계획하지 않은 과소비에 대한 죄책감을 없애고, 지갑을 여는 데 거리낌을 없애며, 올바른 예산의식을 둔감하게 만든다.

합리적이지 않은 소비는 통장의 잔고를 줄여서 발전적인 미래 가능성을 사라지게 한다는 사실을 명심하며 이 말버릇 또한 반드시 고쳐야 한다.

 ## 잘못된 말버릇 10:
"내가 이것 하나도 못 하냐?"

자신의 소득에 맞는 소비의식을 단박에 파괴시키고 잘못된 소비도 의식하지 못하게 만드는 아주 나쁜 말버릇이다. 과소비의 기준은 절대적인 게 아닌 상대적이다. 오마카세나 파인다이닝, 호캉스가 누구에게나 과소비는 아니다. 이것들을 누릴 만한 충분한 소득이 있다면 당연히 누려도 된다. 또한 그 소비를 위해서 철저하게 계획을 세워 준비했다면 무조건 나쁜 소비만은 아닌 것이다.

하지만 "내가 이것 하나도 못 하냐?"라는 말은 이것들을 누릴 만한 충분한 소득이 없음에도 "소중한 나에게 이 정도도 못 해?"라며 자신에게 호소하는 말이다. 분명한 것은 돈은 감정의 영역이 아니라 이성적 판단의 영역이다. 지금 잠깐의 즐거움을 위해 합리적이지 못한 소비를 한다면 미래의 나에게 엄청난 고통을 줄 수 있다.

늘어난 평균 수명만큼 우리가 미래에 지출해야 하는 소비도 늘어난다는 것을 명심해야 한다. 이 세상에서 가장 불확실한 것은 우리의 소득이고, 가장 확실한 것은 미래의 확정적인 소비이기 때문이다. 앞서 소개한 잘못된 10가지 말버릇을 내가 별생각 없이 자주 사용하는지 꼭 되돌아보며, 돈 모으는 데 방해하는 불필요한 소비를 막아야 한다.

주식 투자로
부자가 될 수 있다는 착각

 주식 투자로 돈을 벌지언정,
더 가치 있는 것을 잃어버릴 수 있다

다음 페이지의 그림은 지난 10년간 코스피 시장에 개인 투자자가 가장 많이 유입된 시점 4곳을 표시한 것이다. 2020년 기준금리 하락으로 소위 영끌로 개인 투자자가 주식 시장에 대거 유입되었던 시점을 제외하고 대부분 대규모 투자자 유입 이후에 바로 하락장이 나타났기 때문에 표시한 시점에서 개인 투자자의 투자 손실이 불가피했다.

◇ 코스피지수와 거래량과의 관계 ◇

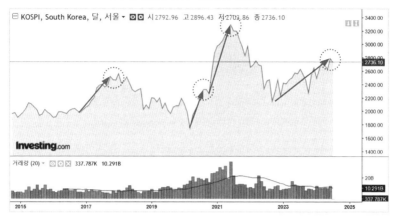

출처: 인베스팅닷컴

지난 30년간 주식 시장을 오랫동안 지켜본 돈쭐남의 생각은 다음과 같다. 주식 투자는 단기적으로 수익을 올리는 데 성공한 사람에게는 훌륭한 재테크 수단일 수 있다. 그러나 장기적인 변동성에 노출되면 큰 어려움을 겪을 수 있고, 설사 돈을 벌더라도 돈보다 더 중요한 가치인 시간과 노력, 에너지를 맞바꾸는 일인 만큼, 금전적인 수익에 비해 훨씬 큰 대가를 지불하게 된다.

최근 직장인들이 아침 9시만 되면 모두 자리에 없다는 말이 있다. '모두'라는 표현은 조금 과장되었지만 아주 없는 이야기는 아니다. 어쨌든 직장인들이 아침 9시에 자리를 비우는 이유는 주식 시장이 개장되는 시간이라 그날의 장 분위기를 알기 위해 직장 동료와 상사의 눈을 피해 화장실과 같은 폐쇄적인 장소로 이동하기 때문이다. 일상생활에 어느 정도 지장을 주는 것만은 분명해 보인다.

딱 1억만 모읍시다

얼마 전 돈쭐남이 오프라인 강연에서 만난 직장인도 주식 투자가 일상생활에 부정적인 영향을 끼치고 있었다. 34세의 그는 5억 원을 주식에 투자했다. 5억 원은 본인이 번 돈이 아니고, 부모님에게 증여받은 돈이었다. 예사롭지 않은 투자금에 돈쭐남은 궁금증이 폭발해서 이 직장인에게 많은 질문을 했다. 우선 "아침에 몇 시에 일어나세요?"라는 질문에 그는 "새벽 3시에 일어납니다"라고 답했다. 이 이야기를 들은 돈쭐남과 청중들은 미국 주식 때문이라 생각했다. 하지만 그는 이렇게 답했다. "미국 주식 때문에 일부러 알람을 맞추고 일어난 게 아니라 그 시간에 저절로 눈이 떠져요." 너무 이른 시간에 일어나니 늘 피곤하다는 말도 덧붙이며, 아침 9시에 화장실에 가서 주식창을 보진 않지만 늘상 모바일 주식창에서 눈을 떼지는 못한다고 토로했다.

너무 이해가 가는 상황이다. 투자금이 5억 원이면 1%의 주가 움직임에도 500만 원이 왔다 갔다 하는데, 그 누구라도 안 그럴까? 그런데 과연 5억원을 투자한 직장인만 그럴까? 투자금이 5억 원의 1/100인 500만 원이라면 5억 원을 투자한 직장인이 주식창을 보는 시간의 1/100시간만 볼까? 돈쭐남이 접한 여러 사례를 보았을 때 절대 그렇지 않다. 투자금에 상관없이 일단 주식에 투자한 직장인이라면 상당한 시간을 주식창을 보는 데 허비할 것이다. 스스로 인지하지 못할 수 있지만 생각 외로 많은 사람이 큰 에너지를 투자에 쓰고 있는지 모른다.

장기 투자가 주식 투자의 성공을
보장하는 게 아니다

주식 투자자의 상당수가 착각하는 게 있는데 바로 장기 투자를 해야 성공한다고 믿는 것이다. 돈쭐남이 보기에 '맹신한다'가 정확한 표현이다. 맹신하는 이유는 우상향하는 주식 차트의 모습 때문이다. 우리가 주식을 오래 보유하지 못했기 때문에 주식 투자에 실패했다고 귀결된다. 주식을 너무 일찍 팔아 버린 게 투자 실패의 근본 원인이라고 결론을 내리는 것이다. 이런 생각은 주식을 오래 보유하면 무조건 투자에 성공한다는 그릇된 결론에 도달한다.

하지만 주식을 장기 보유할 수 있는 사람은 그 기업의 대주주와 여유 자금이 아주 많은 사람뿐이다. 대부분 장기 보유하기란 현실적으로 어렵다. 왜냐하면 대부분 주식에 돈을 오래 묶어둘 만큼 여유 자금, 그러니까 있어도 그만, 없어도 그만인 돈이 많지 않기 때문이다.

그럼에도 주식에 장기 투자하면 정말 투자에 성공할 수 있는지 확인해 보기 위해서, 돈쭐남이 국내 주식 시장에 상장된 우량 종목 10개의 10년간 실제 수익률을 확인해 보았다. 10년이란 시간은 주식 시장에서 엄청나게 긴 시간이다. 주식에서 장기 투자란 잦은 거래를 지양하며 종목을 오래도록 보유하는 투자 방법으로, 오랜 시간 돈을 묻어두는 자본 투자에 가깝다. 따라서 돈쭐남은 같은 시기의 국고채 3년물금리와 비교해서 정말 주식에 장기 투자하면 높은 투자 성공률이 보장되는지를 보여주겠다. 많은 사람이 주식 투자보다 수익률

딱 1억만 모읍시다

이 낮다고 생각하는 예금금리와 비교해서 보여주고 싶었지만, 이 시기의 평균적인 예금금리를 알 수 있는 자료가 마땅치 않아서 예금금리와 유사한 국고채 3년물금리 자료를 가져왔다.

◇ 최근 10년간 유량 종목 10개의 주가 변화 ◇

※ 종가 기준

종목	2014년 5월 30일	2024년 5월 31일	상승률
코스피	1,994.96p	2,636.52p	32.2%
삼성전자	28,860원 (2018년 액면분할 전: 1,443,000원)	73,500원	154.7%
현대차	224,500원	253,000원	12.7%
POSCO홀딩스	289,000원	369,000원	27.7%
NAVER	151,815원 (2018년 액면분할 전: 758,000원)	170,200원	12.1%
KT	30,400원	36,600원	20.4%
대한항공	19,313원	20,850원	8%
엔씨소프트	168,500원	190,300원	13%
현대모비스	288,000원	214,500원	-25.5%
삼성생명	99,900원	84,300원	-15.6%
LG화학	260,000원	351,500원	35.2%

출처: 네이버페이 증권

시장 전체를 지수로 나타낸 코스피는 10년간 32.2% 상승했다. 그러나 개별 종목은 삼성전자를 제외하고는 의미 있는 상승은 없었다. 심지어 하락한 종목도 2개나 된다. 투자 성과를 정확히 평가하려면 앞서 언급한 대로 같은 시기에 예금을 했을 때의 10년간의 누적 수익률, 즉 국고채 3년물금리와 비교해서 상대적인 수익률을 계산해 보아야 한다. 국고채 3년물금리는 예금금리와 거의 비슷하지만 실제로는 예금금리가 국고채 3년물금리보다 약간 높을 수 있다는 점을 미리 말한다.

◇ 최근 10년간 국고채 3년물금리의 변화 ◇

연도	국고채 3년물금리(평균)
2014년	1.6%
2015년	1.66
2016년	1.44%
2017년	1.8%
2018년	2.1%
2019년	1.53%
2020년	0.99%
2021년	1.39%
2022년	3.2%
2023년	3.57%

출처: 한국은행

계산 방법은 복잡하니 생략하고 결론만 말하자면, 100만 원을 2014년에 국고채 3년물금리로 예금했다면 10년 뒤 투자 수익률은

딱 1억만 모읍시다

세전 21%다. 주식 시장 전체를 대표하는 코스피 수익률 32.1%와의 수익률 차이는 고작 11.1%다(세전 기준).

◇ 예금 수익률과 비교했을 때 최근 10년간 주식 상대 수익률 ◇

※ 종가 기준

종목	2014년 5월 30일	2024년 5월 31일	상대 수익률
코스피	1,994.96p	2,636.52p	11.2%
삼성전자	28,860원 (2018년 액면분할 전: 1,443,000원)	73,500원	133.7%
현대차	224,500원	253,000원	-8.3%
POSCO홀딩스	289,000원	369,000원	6.7%
NAVER	151,815원 (2018년 액면분할 전: 758,000원)	170,200원	-8.9%
KT	30,400원	36,600원	-0.6%
대한항공	19,313원	20,850원	-13%
엔씨소프트	168,500원	190,300원	-8%
현대모비스	288,000원	214,500원	-46.5%
삼성생명	99,900원	84,300원	-36.6%
LG화학	260,000원	351,500원	14.2%

출처: 네이버페이 증권

그런데 주목해야 할 점은 코스피는 상대 수익률이 높았지만, 개별 종목은 아니라는 점이다. 앞서 살펴본 10개 종목 중 9개 종목이 예금 수익률 대비 상대 수익률이 마이너스다. 주식 시장에서 큰 수익을 내는 경우는 쌀 때 사서 비싸게 팔았을 때다. 하지만 개별 종목 투자 시 항상 성공할리는 만무하다. 앞서 말했듯이 개별 종목은 기업 위험에 노출되어 있고, 모든 종목에 악영향을 끼칠 수 있는 시장의 위험에도 노출되어 있다. 하지만 예금은 예금자보호가 되면서 확정적인 수익률이 보장된다.

그런데 이 내용이 국내 주식에만 국한되는 이야기라고 반박하는 주장이 있을 수 있다. 왜냐하면 미국 주식의 역사를 보면, 부침은 있었지만 어쨌든 결과론적으로 계속 우상향했기 때문이다. 또한 국내 주식이라고 해도 예금보다 주식이 낫지 않겠냐는 주장이 충분히 있을 수 있다. 왜냐하면 앞서 자료에서 보았듯이 10년 동안 코스피에 투자했을 때 국고채 3년물금리와 같은 예금에 투자한 때보다 상대 수익률이 높았기 때문이다. 실제로 워런 버핏Warren Buffett과 같은 투자의 대가들도 단기적인 개별 종목에 투자하기보다 시장 전체를 대표하는 지수에 장기간 투자해야 한다고 말했다(워런 버핏은 S&P 500에 투자해야 한다고 말했다).

하지만 분명한 것은 과거에 그랬기 때문에 앞으로의 나의 주식 투자 결과가 자연 법칙처럼 딱 들어맞을 것이라고 생각해서는 안 된다. 투자의 영역은 그야말로 아무도 알 수 없는 예측 불가능의 영역이기 때문이다. 반면에 예금은 '예금자보호제도'라는 가장 확실한 안전 장치가 있다. 이것은 원금 보장을 장담할 수 없는 코스피 상대 수익률 10.5%와는 비교할 수 없을 만큼 엄청난 장점이다. 또한 우리나라는 여전히 휴전 중이며, 모든 위험자산에 돌발적인 위기를 불러일으킬 수 있는 러시아-우크라이나 전쟁이나 코로나19 펜데믹과 같은

딱 1억만 모읍시다

사건이 언제든지 발생할 수 있다는 점을 고려해야 한다.

주가가 무작위로 움직이며 과거의 패턴과 데이터로는 예측할 수 없다는 것을 말하는 랜덤 워크^{Random walk} 이론이 있다. 간단히 말하면 주가의 움직임은 동전 던지기처럼 예측 불가능하다는 이론이다. 여기서 랜덤은 결국 주가가 장기적으로는 기업의 실적과 경제 성장률 등 펀더멘털^{Fundamental}에 수렴하지만 미래 전망을 정확하게 한다는 것 자체가 무의미하다는 것을 의미한다. 2000년에 〈월스트리트저널 The Wall Street Journal〉은 펀드 매니저와 일반 투자자, 그리고 원숭이의 투자 대결로 수익률 차이를 실험한 적이 있었는데 대결의 승자는 놀랍게도 원숭이였다. 물론 수십 년간 주가지수의 움직임은 국내 주식이나 해외 주식을 막론하고 대부분 우상향했지만, 그만큼 주가를 예측하기란 쉬운 일이 아니라는 사실을 보여주는 실험 결과다.

아직 제대로 된 자본을 모으기도 전에 인생에서 정말 중요하고 꼭 필요한 생활 자금, 주택 자금, 교육 자금 등을 '장기 투자가 곧 주식 투자의 성공'이라는 보장되지 않는 꿈을 가지고 무작정 주식에 투자하는 것은 바람직하지 않다. 앞서 설명한 대로 투자의 대가로 시간, 노력, 에너지 그리고 자기성장의 기회를 어느 정도 버릴 각오를 해야 하기 때문이다.

요즘은 모바일로 언제 어디에서나 주식의 시세나 정보를 실시간으로 조회할 수 있기 때문에, 단돈 100만 원이라도 주식에 투자하면 아침에 눈을 떠서 잠자리에 들 때까지 주식창에서 눈을 떼지 못한다. 이런 시간이 10년간 지속된다면 주식창을 보느라 빼앗기는 시간과 에너지는 계산 자체가 불가능할 지경이다. 따라서 돈쭐남은 워런 버핏이 말하는 지수에 장기 투자를 하는 방법일지라도 1억 원이라는 의미 있는 자본을 모으기 전까지는 재테크 수단으로 주식보다는 예금을 선택할 용기의 필요성을 다시 한번 강조한다. 그리고 힘주어 말하지만 주식 투자만으로 부자가 된 사람은 없다. 그 어떤 부자도 자신이 하는 일의 성공 없이 오로지 주식 투자만으로 부자가 된 게 아님을 명심해야 한다.

딱 1억만 모읍시다

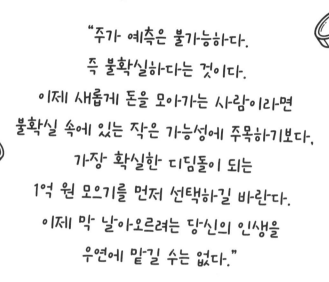

"주가 예측은 불가능하다.
즉 불확실하다는 것이다.
이제 새롭게 돈을 모아가는 사람이라면
불확실 속에 있는 작은 가능성에 주목하기보다,
가장 확실한 디딤돌이 되는
1억 원 모으기를 먼저 선택하길 바란다.
이제 막 날아오르려는 당신의 인생을
우연에 맡길 수는 없다."

CHAPTER 3

따라만 하면
성공하는 1억 원 모으기
핵심 방법

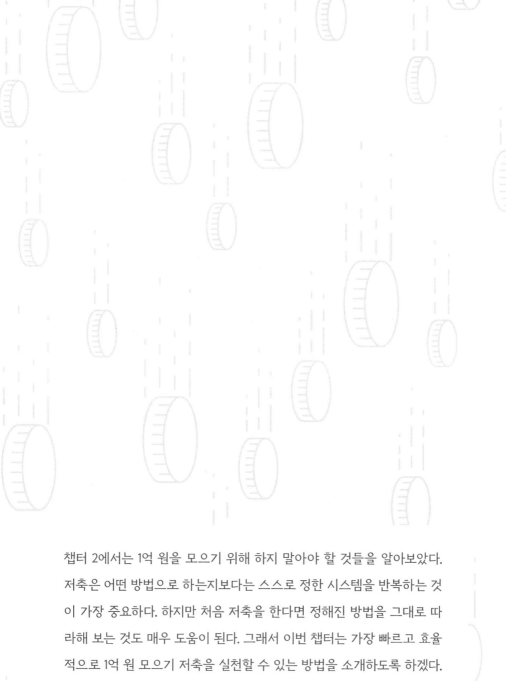

챕터 2에서는 1억 원을 모으기 위해 하지 말아야 할 것들을 알아보았다. 저축은 어떤 방법으로 하는지보다는 스스로 정한 시스템을 반복하는 것이 가장 중요하다. 하지만 처음 저축을 한다면 정해진 방법을 그대로 따라해 보는 것도 매우 도움이 된다. 그래서 이번 챕터는 가장 빠르고 효율적으로 1억 원 모으기 저축을 실천할 수 있는 방법을 소개하도록 하겠다. 입.꾹.닫. 돈쭐남의 지침대로 일단 시작하라!

소득이 낮아도 가능한
1억 원 모으기

최근 사회 초년생들 사이에서 소득이 높든 낮든 1억 원 모으기가 열풍이다. 돈쭐남은 언제나 2030 직장인들에게 돈 번 지 5년이 되었으면 자본소득으로 가는 발판인 1억 원 정도는 있어야 한다고 강조해왔다. 그 기간은 소득과 처한 환경에 따라 개인마다 다 다르지만, 적어도 5년 내에 1억 원 모으기에 성공해야 한다고 항상 말했다.

그렇다면 왜 5년일까? 어떤 회사에 속하든 사회 초년생에게 입사 후 5년까지는 모든 것이 새롭기 때문에 배우고 적응하느라 시간이 화살처럼 흘러간다. 그렇게 5년 정도 지나면 나이는 아직 20대 후

반이거나 30대 초반일 테다. 이제 허리 좀 펴고 회사에서 어느 정도 적응을 마친 시기로, 지난 5년을 돌아보고 조금의 여유를 가질 수 있을 때다. 만약 이 때 통장을 들여다보는데 제대로 된 목돈이 없다면 어떨까? '그동안 난 무엇을 했을까?' 하는 자책감이 들 수 있다. 반면에 통장에 1억 원이란 목돈이 있다면 어떨까? 5년간 쌓인 피로와 고됨이 사르륵 녹고 더 나은 미래에 대한 희망을 생기지 않을까?

하지만 월 소득 200만 원대의 사회 초년생들에게 1억 원 모으기는 불가능한 미션 같다. 월 소득 300만 원대의 사회 초년생이라도 사정은 다르지 않다. 그렇다면 정말 1억 원 모으기는 소득이 낮으면 불가능한 미션일까?

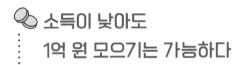

소득이 낮아도 1억 원 모으기는 가능하다

저축 목표 금액은 다음과 같은 공식에 의해서 구성된다.

저축 목표 금액

월 저축액 × 불입 기간 × 이자율(수익률)

결국 목돈 1억 원을 손에 쥐려면 '월 저축액' '불입 기간' '이자율(수익률)' 중 어느 하나라도 확실하게 충족되어야 한다. 월 저축액이

딱 1억만 모읍시다

많거나, 불입 기간이 길거나, 이자율이 높아야 하는 것이다. 하지만 적은 월급에 당장 월 저축액을 늘릴 수는 없는 노릇이다. 그리고 불입 기간이 긴 것도 부담스럽다. 많은 저축액과 긴 불입 기간을 충족할 수 없다면 당연히 높은 이자율에 기댈 수밖에 없다. 많은 젊은이가 주식과 같은 위험자산에 관심을 두는 것도 이러한 이유 때문이 아닐까 싶다.

하여간 안전한 투자 방식의 저축으로 확실한 수익을 원하는 사람이라면 이자율에 관심을 두게 된다. 이자율은 사람들로 하여금 저축을 열심히 할지 아닐지를 결정하는 데 가장 큰 영향을 준다. 하지만 잘 따져보면 목표한 금액을 모으는 데 있어 3가지의 변수 중에 이자율이 가장 영향력이 작다. 이자율 5%와 이자율 2.5%는 겉으로 보기에는 수치가 2배 차이 나지만, 5년간 1억 원을 모은다고 했을 때월 저축액은 이자율 5%일 때 월 1,504,874원이고, 이자율 2.5%일 때는 1,581,644원으로, 실제 월 저축액 차이는 8만 원이 채 안 된다(세전 이자율 기준).

그렇다면 소득이 낮은 사람은 어떻게 1억 원을 모을 수 있을까? 바로 월 저축액을 매년 늘리면 된다. 당장 월 저축액을 올리는 게 힘들다 생각할 수 있지만, 5년이란 시간 동안 연봉 협상과 이직 등으로 소득이 오를 여지가 많기 때문에 매년 월 저축액을 늘리는 게 아예 불가능한 것은 아니다.

130만 5,000원부터 시작하는
증액저축 플랜

돈쭐남은 소득이 낮다면 처음부터 3가지(월 저축액, 불입 기간, 이자율)를 고정하지 않고 점진적으로 올려보는 방식을 추천한다. 이 방법은 앞서 증액저축이라는 개념으로 설명했다. 5년 내에 1억 원을 모으려면 153만 원을 매달 불입해야 하는데 그러면 월급이 300만 원인 사람도 월 소득의 절반을 저축해야 하기 때문에 지레 겁을 먹고 포기해버린다. 하지만 증액저축 방식으로 하면, 저축을 시작할 때 부담감도 덜면서 훨씬 수월하게 1억 원 모으기를 할 수 있다.

구체적으로 설명하면, 처음부터 월 153만 원이 아닌 85% 수준인 월 130만 5,000원을 저축하는 방법이다. 1년 만기 정기적금에 가입하고 만기가 돌아오는 1년마다 예금에 가입하는 방법도 있지만, 예적금 가입과 만기가 자주 반복되어 복잡해질 테니 1년 차 때 월 130만 5,000원짜리 3년 만기 정기적금에 가입하자. 그리고 이 적금이 만기된 후 다시 2년 만기 예금에 가입하고, 4년 차 때 다시 월 130만 5,000원짜리 2년 만기 적금에 가입한다. 증액저축 플랜은 2년 차 때부터 시작되는데, 2년 차 때부터 월 13만 원짜리 정기적금에 매년 가입한다. 세전 이자율 연 4% 기준이다.

① 1번 적금은 3년 만기 정기적금에 가입하고 만기 후 2년간 예금한다.
② 2번 적금은 1번 정기적금 만기 때 2년 만기 정기적금에 가입한다.

딱 1억만 모읍시다

③ 1번 증액저축 적금은 2년 차 때 3년 만기 정기적금에 가입하고 만기 후 1년간 예금한다.

④ 2번 증액저축 적금은 3년 차 때 3년 만기 정기적금에 가입한다.

⑤ 3번 증액저축 적금은 4년 차 때 2년 만기 정기적금에 가입한다.

⑥ 4번 증액저축 적금은 5년 차 때 1년 만기 정기적금에 가입한다.

◇ 증액저축으로 5년간 1억 원 모으기 ◇

※ 세전 이자율 연 4% 기준

구분		1년 차	2년 차	3년 차	4년 차	5년 차
월 저축액		130만 5,000원	143만 5,000원	156만 5,000원	169만 5,000원	182만 5,000원
월 누적액	1번 적금 (월 130만 5,000원/3년) +예금(2년)	1,595만 원	3,242만 원	4,943만 원	5,110만 원	5,278만 원
	2번 적금 (130만 5,000원/2년)				1,595만 원	3,242만 원
	1번 증액저축 (월 13만 원/3년) +예금(1년)		159만 원	323만 원	492만 원	509만 원
	2번 증액저축 (월 13만 원/3년)			159만 원	323만 원	492만 원
	3번 증액저축 (월 13만 원/2년)				159만 원	323만 원
	4번 증액저축 (월 13만 원/1년)					159만 원
합계		1,595만 원	3,401만 원	5,425만 원	7,679만 원	1억 원

☐ 적금 ☐ 예금

이렇게 예적금을 활용하면 5년 뒤 이자소득세를 제외하고 약 1억 원을 손에 쥐게 된다. 대체 어떻게 가능한 걸까? 바로 증액저축의 장점 때문이다. 지금부터 그 원리를 자세하게 설명하겠다.

증액저축으로 저축 근 손실 방지

아마도 사회 초년생 중에서 월 153만 원씩 5년간 꾸준히 저축할 수 있는 사람은 상대적으로 소득이 좋은 편에 속할 것이다. 그런데 이 방식은 매년 저축액을 증액하지 않기 때문에 해가 갈수록 저축률이 낮아진다는 단점이 있다. 왜냐하면 매년 조금씩 연봉이 인상되기 때문이다. 예를 들어 매년 연봉 인상률이 약 5%인 월 소득 300만 원 직장인이 월 153만 원씩 저축해서 1억 원 모으기를 할 때의 저축률은 다음과 같이 매년 낮아진다.

◇ 매년 낮아지는 저축률 ◇

구분	1년 차	2년 차	3년 차	4년 차	5년 차
월 저축액	153만 원				
월 소득 (연 5%씩 증가)	300만 원	315만 원	331만 원	347만 원	365만 원
월 저축률	51%	49%	46%	44%	42%

보다시피 저축률은 1년 차에는 50%를 넘지만 해마다 줄어들어 5년 차에는 42%대로 낮아진다. 저축률이 낮아지는 이유는 저축액을

딱 1억만 모읍시다

줄여서가 아니라 매년 소득이 늘어났기 때문이다. 만약 매년 소득 상승을 고려하지 않고 매달 같은 저축액으로 1억 원 모으기를 하고 있다면 매년 여유 자금은 늘기 때문에 소비는 기하급수적으로 커지게 된다. 이는 저축률이 줄어드는, 즉 저축 근력이 약해진다는 뜻으로 소위 '저축 근 손실'이 생기는 것과 같다. 소득이 매년 인상되어 저축할 여력이 늘어나는데 여전히 월 저축액이 동일하다면 저축 근력이 커지기는커녕 오히려 저축 근 손실이 발생한다. 저축 근 손실이 발생하면 꾸준히 저축할 수 있는 힘을 잃게 되는 것과 마찬가지다. 그러므로 증액저축은 저축 근 손실을 막아주므로 5년간 꾸준히 저축할 수 있는 힘을 잃지 않게 해준다.

증액저축으로 저축 근력의 성장

난생 처음 헬스장에 등록해 PT를 받는다면 당연히 근력이 없기 때문에 무거운 무게의 벤치프레스를 들어 올리지 못할 것이다. 그 무게가 30kg이라고 한다면, 일정 기간 열심히 연습하면 근력이 성장해 어느 순간 그 무게가 처음보다 덜 무겁다고 느끼는 시점이 온다. 그러면 트레이너는 무게를 늘려 35kg짜리 벤치프레스를 들게 할 것이다. 놀랍게도 여러분은 처음에는 시도조차 할 수 없던 35kg짜리 벤치프레스를 드는 데 성공할 것이다. 꾸준한 연습으로 근력이 성장했기 때문에 가능한 일이다. 저축도 마찬가지다. 처음에는 매달 153만 원보다 덜 부담되는 금액을 꾸준히 저축하며 저축 근력이 성장했고, 그뿐만 아니라 매년 소득도 조금씩이라도 오르기 때문에 매년 월 저축액을 늘리는 게 가능한 것이다.

　　엄두가 안 나서 1억 원 모으기를 포기하려고 했다면 돈쭐남이 소개한 증액저축 방식을 십분 활용해 용기를 가지고 1억 원 모으기에 도전해 보기를 바란다. 월 130만 5,000원에서 시작해 매년 13만 원씩 증액하는 방식은 매년 소득이 5%씩 증가해도 저축률 또한 매년 상승하므로 저축의 근 손실 예방은 물론 저축 근력도 키워 여러분의 1억 원 모으기 꿈을 이루어 줄 것이다.

> "말씀하신 대로 증액저축으로 1억 원 모으기를 시작하고 나니 희망이 보이기 시작하네요. 적은 돈이지만 일단 1억 원 모으기를 시작하니 그동안 어지럽던 마음이 리셋되는 기분입니다. 차근차근 1억 원 모으기를 위해 열심히 달려가겠습니다."
>
> – 유튜브 '부티플'의 〈김경필의 돈쭐남〉 구독자

월 소득 200만 원대도
1억 원 모으기가 가능할까요?

앞서 소개한 증액저축은 월 소득 200만 원대 직장인도 불가능한 건 아니지만 사실 월 소득 300만 원대 직장인부터 도전해 볼 수 있다. 어느 정도의 생활비도 필요하기 때문에 저축 1년 차라도 월 130만 5,000원이 부담될 수 있기 때문이다.

『월급은 적지만 부자는 되고 싶어』라는 책 제목처럼, 우리는 서점에서 이런 비슷한 제목을 가진 책을 자주 볼 수 있다. 제목이 모순적이지만 부자가 되는 게 모두의 꿈인 만큼 그 바람을 담은 제목이다. 돈쭐남은 종종 "멘토님, 저는 월급이 250만 원인데, 월세를 50만 원이나 내야 해서 저축할 여력이 없어요. 방법이 없을까요?"라는 질문을 받는다. 그래서 앞서 설명한 방식을 변형해 월 소득 200만 원대 직장인도 가능한 '7년 내에 1억 원 모으는 방법'을 알려주면 "7년 후에는 지금의 1억 원과 가치가 다르잖아요?" 혹은 "월급이 200만 원대라서 월 100만 원 이상 저축하는 건 무리예요"라고 말한다.

이런 대답을 하는 이유는 바로 인플레이션 때문이다. 1억 원이라는 금액이 재테크의 첫단추로써 금액적으로 상징성이 있지만 그 가치가 지켜져야 의미가 있다는 생각 때문이다. 또한 월 130만 5,000원은 고사하고 월 100만 원이 넘는 저축이 현실적으로 어렵다는 하소연도 이해가 된다. 그럼에도 돈쭐남은 1억 원을 모아야 한다고 강조한다. 그렇다면 월 200만 원대 직장인의 걱정을 해결하며 1억 원을 모으려면 대체 어떻게 해야 할까?

 ## 매년 2%씩 화폐가치가
떨어지고 있다

우리나라의 최근 10년간 소비자물가 등락률은 다음과 같다. 2020년 코로나19 펜데믹으로 시작된 초저금리와 러시아-우크라이나 전쟁, 그리고 중동지역의 분쟁으로 생긴 공급망 문제로 최근 3년간의 물가 상승률은 매우 높지만, 지난 10년간을 살펴보면 무난한 수치인 1.98% 수준이다. 장기적으로 보자면 매년 2%씩 물가 상승, 즉 매

딱 1억만 모읍시다

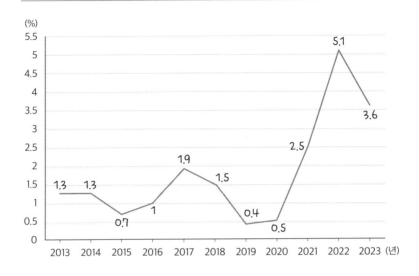

출처: 통계청, KOSIS

년 2%씩 화폐가치가 감소한다고 보아야 한다. 그리고 실제로 한국 은행이나 연방준비제도도 물가 상승률 목표를 연 2%에 맞추고 있다. 단기적으로는 경제 상황에 따라 달라지지만 평균 2%의 물가 상승률은 공식적으로 인정되는 수치인 셈이다.

어찌되었든 월 100만 원보다 적은 금액으로 저축을 하면 1억 원을 모으기까지 최소 7년 이상 걸리는데 해마다 물가는 지속적으로 상승한다. 그렇다면 올라간 물가를 감안하더라도 미래에 현재의 1억 원과 동일한 화폐가치만큼 목돈을 모으기 위해서는 어떻게 해야 할까?

청년도약계좌를 활용한 증액저축으로
인플레이션을 방어해 보자!

정답은 '증액저축'이다. 적은 금액으로 저축을 시작하되 앞서 설명한 대로 꾸준히 증액저축을 해서 현재의 1억 원과 같은 화폐가치의 목돈을 만들어 보는 것이다. 월 100만 원 이상 저축하는 게 부담스럽다면 월 95만 원으로 저축을 시작해 보자. 그리고 매년 10만 원씩 증액하는 저축을 7년간 하면 현재의 1억 원과 동일한 화폐가치로 목돈을 모을 수 있다.

저축액이 월 95만 원이 되면 월 130만 5,000원에 비해 28%나 적어지는 건데, 이것이 어떻게 가능한 것일까? 바로 95만 원 중에서 70만 원은 청년도약계좌로 저축하면 가능하다. 청년도약계좌란 은행별 우대금리와 비과세 혜택(이자소득세 15.4% 면제), 그리고 정부 지원금(연 소득에 따라 상이)까지 받아 5년간 최대 5,000만 원을 만들 수 있는 정책 금융 상품이다.

청년도약계좌는 이자율이 최대 연 6%(기본금리 연 3.8~4.5%, 가입 후 3년간 고정금리, 이후 2년간 변동금리)로, 월 최대 2만 4,000원(소득 구간별로 상이) 정부기여금을 받을 수 있는 상품이다. 은행에서 세전 이자율 연 4%짜리 적금을 가입해서 월 70만 원씩 5년간 저축하면 만기액이 4,561만 원에 불과하지만, 청년도약계좌를 활용하면 무려 최대 439만 원을 더 받는 셈이니 연간 약 88만 원의 혜택을 받는 것과 같다. 정부기여금은 소득 구간별로 상이하기 때문에 월 소

딱 1억만 모읍시다

득이 200만 원대라면 최대 지원금을 받을 수 있으므로 유리하다. 청년도약계좌에 대한 자세한 내용은 165p에서 소개했으니 참고하기 바란다.

다시 돌아와, 청년도약계좌의 여러 혜택을 활용하면서 매년 딱 10만 원씩만 증액저축하면 된다. 1년에 10만 원씩만 증액하는 저축은 월 소득이 매년 10만 원씩 오른다는 걸 가정하지 않아도 정말로 의지만 있으면 가능하다. 이렇게 매년 10만 원씩만 저축액을 증액해준다면 7년 후에 1억 2,101만 원을 손에 쥐게 된다. 1억 원 모으기 저축인데 그보다도 많은 1억 2,101만 원을 모은 이유는 그토록 우려했던 '인플레이션' 때문이다. 월 128만 원씩 저축하는 게 부담스러워 아예 도전조차 안 하고 포기하려 했다면 그보다 훨씬 적은 금액으로 저축을 시작하는 이 방법으로 인플레이션을 이기는 1억 원 모으기를 시도해 보면 어떨까?

$$\text{현재가치} = \frac{\text{미래가치}}{(1+\text{물가 상승률})^n} \quad \rightarrow \quad \text{7년 후의 현재가치} = \frac{\text{1억 2,101만 원}}{(1+0.02)^7}$$

청년도약계좌를 활용한 증액저축으로 7년 뒤에 손에 쥘 수 있는 금액은 1억 2,101만 원인데, 1억 2,101만 원은 현재가치로 1억 536만 원이다.

$$\text{1억 536만 원} \times (1+0.02)^7 = \text{1억 2,101만 원}$$

※ 청년도약계좌 외 예적금 세전 이자율 연 4%대 기준

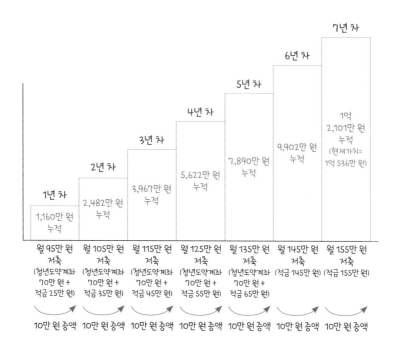

그러니까 목표한 1억 원하고도 536만 원이 남는다. 앞서 언급한 대로 목돈을 모은 사람에게 보상해야 하는 비율은 5%가 적당하다. 7년간 1억 원을 모으느라 고생한 자신에게 536만 원은 보상해도 된다. 536만 원 정도면 멋진 유럽 여행을 여유 있게 다녀올 수도 있는 돈이 아닌가? 그것도 현재가치로 1억 원은 내 손에 그대로 있는 채로 말이다. 100만 원이 안 되는 적은 돈으로 인플레이션을 극복하면서

딱 1억만 모읍시다

단기간 내에 1억 원을 모으는 방법이 완성된 것이다.

실제로 이 저축을 시작한 구독자를 만난 적이 있는데, 그 구독자는 우스개로 95만 원 딱 한 달 치만 저축하고 나서 그날부터 1억 원이란 북극성이 생겼다고 말했다. 여기서 말하는 북극성이란 언제나 그 자리에 있어서 길을 잃지 않고 그 지향점을 향해 걸어가게 하는 나의 별과 같은 꿈을 의미한다. 시작만으로 마음속에 자리 잡는 꿈, 그것이 진정한 저축의 기쁨이 아닐까.

대한민국 직장인의
5개년 저축 로드맵 만들기

 ## 소비보다 투자를 먼저 떠올리게 하는
1억 원의 힘

여러분에게 다음과 같은 돈이 '갑자기 생겼을 때' 이 돈을 어떻게 할 건지 적어보자.

500만 원이라면 최신 노트북? 아니면 유럽 여행? 1,000만 원이라면 새로운 가전과 가구? 3,000만 원이나 5,000만 원이라면 새로운 자동차를 떠올렸을 수도 있다.

Self Check

- ○ 500만 원이 생겼을 때 무엇을 할 것인가?

- ○ 1,000만 원이 생겼을 때 무엇을 할 것인가?

- ○ 3,000만 원이 생겼을 때 무엇을 할 것인가?

- ○ 5,000만 원이 생겼을 때 무엇을 할 것인가?

- ○ 1억 원이 생겼을 때 무엇을 할 것인가?

그런데 1억 원은 조금 달랐을 것이다. 이상하게도 1억 원은 앞에 언급한 금액과 달리 무언가에 소비하는 데 선뜻 엄두가 나지 않는다. '소비보다는 무언가에 투자를 해야 하지 않을까?'라는 생각을 하게 될 가능성이 높다. (물론 모든 사람이 그런 건 아니지만 상대적으로 1억 원이 생겼을 때 소비보다 투자를 떠올리는 사람이 많다는 말이다.) 1억 원이 채 되지 않은 돈은 소비하는 데 가장 먼저 떠올리게 되는데, 왜 1억 원은 투자를 먼저 생각하게 되는 것일까?

그것이 바로 1억 원의 힘이다. 1억 원이 있다면 이전에는 전혀 관심이 없던 청약을 떠올릴 수도 있고, 창업을 생각할 수도 있으며, 그 전에는 꿈꾸지 않았던 결혼이란 것을 인생의 새로운 선택지로 머릿속에 떠올릴 수 있다. 즉 1억 원이라는 목돈은 소비보다는 미래를 위한 재투자를 먼저 떠올리게 하는 것이다.

1억 원이 이처럼 강력하다는 것은 모아본 사람만이 안다. 1억 원을 모으기 전까지는 수많은 소비 유혹에 시달리지만 1억 원 모으기에 성공하는 순간 많은 것이 달라진다. 이 말은 반대로 말하자면 1억 원을 모으기까지 수많은 소비의 유혹을 이겨내야 한다는 뜻이기도 하다.

앞서 질문의 문구를 조금 바꾸어 보자. 여러분이 다음 금액을 오랜 시간에 걸쳐 '저축해서 가지게 된다면' 이 돈을 어떻게 할 건지 적어보자.

처음 질문은 '돈이 갑자기 생겼을 때'를 가정했고, 두 번째 질문은 '돈을 저축해서 모았을 때'를 가정했다. 이 작은 차이가 어떤 생각

딱 1억만 모읍시다

✎ Self Check

○ 500만 원을 모았을 때 무엇을 할 것인가?

○ 1,000만 원을 모았을 때 무엇을 할 것인가?

○ 3,000만 원을 모았을 때 무엇을 할 것인가?

○ 5,000만 원을 모았을 때 무엇을 할 것인가?

○ 1억 원을 모았을 때 무엇을 할 것인가?

의 차이를 불러일으키게 될까? 아마도 첫 번째 가정에 비해서 좀 더 고민이 깊어질 수 있다. 여러 난관에 부딪히며 애써 모은 돈은 그냥 생긴 공돈에 비해 더 큰 소중함을 느끼기 때문에 더 신중할 수 밖에 없다. 한마디로 돈을 대하는 마음가짐이 달라질 수 밖에 없을 것이다. 하지만 500만 원, 1,000만 원, 3,000만 원은 여전히 소비의 유혹에서 자유로울 수는 없다. 아니 어쩌면 고생해서 모은 돈이라도 인생을 바꿀 만한 금액이 아니다 보니 '나를 위해서 좀 더 멋진 보상을 하자'라는 마음이 들 수도 있다.

따라서 이런 유혹들을 이겨내고 좀 더 높은 수준의 자본을 만들기 위해서는 세부적인 목표와 목돈이 단계별로 어떤 가능성을 가지게 될 수 있는지를 구체적으로 생각해 보는 게 필요하다. 결국 우리가 1억 원을 모으려는 목적은 그것을 디딤돌로 삼아 더 높은 곳으로 날아오르려는 것이지 1억 원 자체가 최종 목표는 아니기 때문이다.

저축이라 착각하는 소비

1억 원은 끝이 아니라 좀 더 높은 수준의 자본으로 나아가기 위한 시작일 뿐이다. 따라서 1억 원 모으기는 1억 원이 2억 원 되는 것보다, 2억 원이 3억 원 되는 것보다 훨씬 더 강력한 에너지가 필요하다. 따

딱 1억만 모읍시다

라서 1억 원 모으기 중간에 쉬면서 다시 힘을 낼 수 있도록 격려(보상)하는 프로그램, 즉 자기 자신에게 보상하는 프로그램이 필요하다. 적절한 쉼과 보상은 꾸준히 저축을 이어갈 수 있도록 하는 데 있어서 중요하기 때문이다.

하지만 저축한 나에게 보상하라는 말을 잘못 이해하면 마치 1억 원이 최종 종착점이라고 생각해 버릴 수 있는데 결코 그렇지 않다. 1억 원을 모으고 난 후 9,500만 원은 재투자한 뒤, 나머지 500만 원으로 나에게 보상해야지, 500만 원을 재투자하고 9,500만 원으로 나에게 보상한다면 아무 소용이 없기 때문이다. 따라서 저축과 소비를 정확히 구분해서 보상 기준을 정할 필요가 있다. 그렇다면 정확히 저축과 소비는 무엇일까?

저축과 소비의 차이
- 저축: 미래의 소비로 사라지지 않고 자산 형성에 기여하는 돈을 모으는 것
- 소비: 미래의 자산 형성에 기여하지 않고 현재의 돈이 지출되어 사라지는 것

가끔 직장인들을 만나다 보면 여행 목적으로 적금을 여러 개 가입하거나 계를 하는 것을 볼 수 있다. 이런 적금이나 계는 만들어진 목돈의 종착지가 '소비'로 정해져 있기 때문에 엄밀히 말하자면 저축은 아니다. 그냥 모았다 한 번에 써버리겠다는 '또 다른 소비의 준비' '목돈 소비'라고 할 수 있다. 그리고 앞서 언급한 대로 1억 원을 모았

다고 해도 9,500만 원을 나에게 보상해 버리면 저축이 아니라 연기된 소비다. 기껏 잘 모아서 미래에 한꺼번에 큰 소비가 되는 것일 뿐이다.

저축 로드맵이 필요한 이유

그래서 최소한 3년에서 5년 이상이 걸리게 되는 1억 원 모으기에는 반드시 '저축 로드맵'이란 게 있어야 한다. 로드맵이란 내가 앞으로 걸어가야 하는 길의 지도를 의미한다. 등산을 잘하는 사람과 등산을 못하는 사람의 가장 큰 차이점은 무엇일까? 등산을 잘하는 사람은 로드맵이 있기 때문에 지치지 않고 산행을 즐긴다. 로드맵이 있으니 지도를 보고 경치 좋은 곳에서 쉬어간다. 그러니까 어느 정도 올라가야 약수터가 나오는지, 또 어느 정도 더 올라가야 경치 좋은 곳이 있는지를 미리 파악하고 있다. 반면에 등산을 못하는 사람은 로드맵이 없기 때문에 목표 지점이 없어 도대체 얼마나 올라가야 하는지 전혀 가늠을 못 하므로 쉽게 지치고 또 아무데서나 쉬어간다. 그리고 앞 사람의 발꿈치만 보면서 올라가다 보니, 산에 다녀와도 무엇을 보았는지 전혀 기억을 못 하는 경우도 많다. 즉 산행을 즐겁게 즐기지 못한다.

앞서 우리는 5년간 증액저축으로 1억 원 모으는 방법과 7년간 증

딱 1억만 모읍시다

액저축으로 1억 원 모으는 방법을 살펴보았다. 사실 그 시간 속에서 느끼기에 5년, 7년은 아주 짧은 기간이 절대 아니다. 그러므로 내가 몇 년 후 어느 정도 수준에 도달할 수 있는지, 그리고 그때 내가 가진 목돈이 어떤 가능성을 가질 수 있게 하는지를 시간 순서대로 정리한 로드맵이 있어야 몇 년 동안 지치지 않고 저축을 유지할 수 있는 것이다.

앞서 5년간 10%씩 증액저축으로 1억 원을 모으는 방법을 소개했다. 다음 페이지의 표에서 볼 수 있듯이 매년 저축 목표 금액이 있고, 매년 이 저축 목표 금액을 달성해야 비로소 5년 내에 1억 원 모으기를 달성할 수 있는 것이다.

5년간 1억 원 모으기

1년 차 1,595만 원 → 2년 차 3,401만 원 → 3년 차 5,425만 원 → 4년 차 7,679만 원 → 5년 차 1억 원

1억 원 모으기를 성공하기 위해서는 마치 산악인들이 산 정상에 오르는 과정 중 중간 목표로 베이스캠프에 우선 오르는 것처럼, 좀 더 단기적인 목표에 집중하는 게 필요하다. 처음부터 1억 원이라는 목표에 집중하기보다 '1년간 1,595만 원 모으기'라는 목표에 집중하는 것이다.

42.195km라는 엄청난 거리를 쉬지 않고 뛰는 마라토너들도 마찬가지다. 중계방송을 보면 캐스터들이 30km나 35km 지점에서 마

◇ 증액저축 방법으로 5년간 1억 원 모으기 ◇

※ 세전 이자율 연 4% 기준

구분		1년 차	2년 차	3년 차	4년 차	5년 차
월 저축액		130만 5,000원	143만 5,000원	156만 5,000원	169만 5,000원	182만 5,000원
월 누적액	1번 적금 (월 130만 5,000원/3년) +예금(2년)	1,595만 원	3,242만 원	4,943만 원	5,110만 원	5,278만 원
	2번 적금 (130만 5,000원/2년)				1,595만 원	3,242만 원
	1번 증액저축 (월 13만 원/3년) +예금(1년)		159만 원	323만 원	492만 원	509만 원
	2번 증액저축 (월 13만 원/3년)			159만 원	323만 원	492만 원
	3번 증액저축 (월 13만 원/2년)				159만 원	323만 원
	4번 증액저축 (월 13만 원/1년)					159만 원
합계		1,595만 원	3,401만 원	5,425만 원	7,679만 원	1억 원

□적금 □예금

라토너들이 어떤 작전을 가지고 어떤 페이스로 뛸까를 계획하는 것처럼 해설하는데 이는 사실과 다르다. 선수들을 인터뷰해 보면 그들이 경기에서 가장 중요한 게 여기는 것은 장기적인 계획보다 바로 코앞의 1km를 지금의 페이스로 집중해서 뛰는 것이라고 한다. 즉 마라토너에게 42.195Km를 완주하는 게 최종 목표이지만 우선은 정해진

딱 1억만 모읍시다

시간 내에 몇 km 구간을 통과하는가 하는 랩 타임$^{Lap\ time}$(트랙을 1바퀴 돌 때 걸리는 시간)이 중요하다. 내 앞에 주어진 단기 목표를 떠올리며 뛰는 것이다. 저축 로드맵도 마찬가지로, 내가 하고 있는 저축 계획의 중간 정산과도 같다.

다음은 5년간 1억 원 모으기를 위한 저축 로드맵이다. 올해부터 적금을 시작했다는 전제하에 목표 결산일, 중간 목표 등을 예시로 적어두었다.

◇ 1억 원 모으기를 위한 5개년 저축 로드맵 ◇

저축 기간	누적 목표 금액	목표 결산일	목표
1년 차	1,595만 원	2025년 5월 3일	
2년 차	3,401만 원	2026년 5월 2일	
3년 차	5,425만 원	2027년 5월 2일	월세 탈출 및 전세 전환
4년 차	7,679만 원	2028년 5월 2일	부동산 갭 투자
5년 차	1억 원	2029년 5월 1일	결혼, 청약, 창업

5년 만기 후에 보상하는 것도 좋지만, 몇 년간 고생하는 나를 위한 중간 보상을 위해서 130만 5,000원과는 별도의 추가 저축을 하는 것도 좋다. 예를 들면 월 5만 원짜리 적금을 중간 보상을 위해 별도로 가입하는 것이다. 등산하러 갈 때 배낭에 도시락과 과일, 음료를 가방에 싸서 가듯이 1년간 60만 원, 2년간 120만 원, 3년간 180만 원 정도의 추가 저축은 등산 중 잠시 쉴 때 도시락을 까먹는 것처럼 5년

간의 저축 과정 중에 오아시스 같은 쉼과 여유를 스스로에게 선물하는 좋은 이벤트가 될 것이다.

1억 원 모으기에 활용할 수 있는 다양한 금융 상품

돈쭐남은 1억 원이란 첫 번째 허들을 넘기 전에는 되도록 안전한 금융 상품, 즉 예금이나 적금에 가입해 매년 증액저축으로 돈을 모을 것을 강력하게 권유했다. 투자가 아닌 예적금 방식에도 다양한 선택지가 있기 때문에, 지금부터는 1억 원을 모으고자 하는 나에게 맞는 금융 상품을 고르는 방법을 소개하겠다. 여러 금융 상품을 살펴본 후 각각의 금융 상품을 잘 활용할 수 있는 돈쭐남의 팁도 소개할 테니, 잘 확인해 보기를 바란다.

목돈을 예치해 두는 '예금'

개념

예금預金에서의 '預'라는 글자는 '맡기다'의 뜻이며, 말 그대로 돈을 일정 기간 은행에 맡기고 만기 시에 원금과 이자를 받는 금융 상품을 말한다. 따라서 가입 기간 내에 1회만 불입하며 추후 이자까지 더한 만기액을 수령한다.

특징

작은 종잣돈을 일정 기간 운영하는 데 유리한 금융 상품이다. 만기 시에 원금과 이자를 수령하는데, 이자에 대해서는 이자소득세 15.4%(소득세 14%, 지방 소득세 1.4%)를 차감하고 수령한다. 1인당 5,000만 원까지 예금자보호가 되므로 안전한 상품이다. 그뿐만 아니라 소정의 이자까지 받을 수 있으므로 예비 자금을 제외한 목돈은 수시입출금 통장에 넣는 것보다 예금에 가입해서 목돈을 늘려가는 습관이 중요하다.

돈쭐남의 활용 팁

무조건 예금을 많이 해야 한다. 사회 초년생 중 파킹 통장이나 CMA 같은 입출금이 자유로운 통장에 돈을 넣어두는 경우가 많다. 물론 최근에는 금리가 2~3%대인 파킹 통장도 등장했지만, 주거래 은행이나 2금융권의 고금리 예금보다 금리가 높을 수는 없을 것이다. 최소

딱 1억만 모읍시다

한 3개월 이내의 확실한 사용처가 있지 않다면 예금으로 묶어두기를 강력히 권한다. 예금은 중도에 해지했을 때 당초 약정한 만기 이자율이 아닌 중도해지 이자율을 적용받는데, 이 이자율이 파킹 통장이나 고금리 월급 통장의 이자율에 비해 낮지 않으므로 자금을 묶어두는 효과를 극대화할 수 있는 예금에 가입해야 한다. 그뿐만 아니라 입출금 통장에 넣어두면 불필요한 소비 유혹에 빠지기 쉬우므로 돈쭐남은 예금을 우선하기를 권한다.

그렇다면 수시입출금 통장에는 어느 정도만 넣어두면 될까? 돈쭐남은 아래와 같이 통장을 분배하기를 추천한다.

사회 초년생을 위한 통장 분배 가이드
- 월 소득의 100% → 계절 지출 통장(파킹 통장 또는 CMA)
- 월 소득의 50% → 경조사 또는 긴급 지출을 위한 예비 자금 통장(파킹 통장 또는 CMA)
- 그 외 모든 자금 → 1금융권 또는 2금융권 고금리 예금

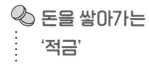

돈을 쌓아가는 '적금'

개념

적금積金에서의 '積'이라는 글자는 '쌓다'의 뜻이며, 말 그대로 매달

일정액을 불입해서 통장에 돈을 쌓은 뒤 만기 시에 원금과 이자를 받는 금융 상품을 말한다. 정기적금은 불입 횟수가 정해져 있어서 보통 1년간 12회, 2년간 24회 불입해야 하는 방식이다. 요즘에는 매일 불입하는 방식의 한 달 적금이 출시되는 등 다양한 불입 주기의 상품이 있지만, 보통 정기적금은 월 1회 불입하는 방식이다. 반면 자유적금은 불입 횟수가 정해지지 않고, 정기적인 불입이 아닌 자유로운 불입이 가능하다.

특징

일정 기간 매달 발생하는 소득으로 목돈을 모아나가는 데 좋은 금융 상품이다. 만기 시에 원금과 이자를 수령하는데, 이자에 대해서는 이자소득세 15.4%(소득세 14%, 지방소득세 1.4%)를 차감하고 수령한다. 1인당 5,000만 원까지 예금자보호가 되므로 안전한 상품이다.

일정한 소득이 있다면 강제저축의 성격으로 정기적금을, 소득이 불규칙하다면 정기적금과 자유적금으로 혼합해서 가입하는 게 바람직하다.

돈쭐남의 활용 팁

적금 방식은 무조건 정기적금을 권한다. 프리랜서처럼 소득이 들쭉날쭉하더라도 평균적인 소득이란 개념이 있기 때문에 정기적금은 가능하다. 돈쭐남이 여러 번 선저축, 강제저축을 강조했는데 그에 맞는 저축 방식이 바로 정기적금이다. 자유적금은 강제성이 없으므로

딱 1억만 모읍시다

돈 모으기에 바람직하지 않다. 만일 소득이 들쑥날쑥해서 자유적금을 하려면 예비 자금 통장에 월 소득의 50%가 아닌 100% 정도 예치하고, 저축액이나 생활비가 부족하면 예비 자금 통장에서 빌려오고 월 소득이 높아졌을 때 다시 예비 자금 통장에 그만큼 채워 넣는 돈 관리가 되면 문제없다.

많은 사람이 조금이라도 이자율이 높은 적금에 가입하기 위해 주거래 은행 말고 다른 금융 기관을 여러 군데 이용하는데, 이럴 경우 각각의 적금 만기일이 달라지지 않도록 하는 게 좋다. 적금 만기일이 모두 다르게 되면 예금 만기일도 달라져서 정해진 시기에 딱 맞춘 목돈을 만들기 어렵다. 모바일로 적금에 가입할 때는 10만 원, 20만 원, 30만 원처럼 매달 저축액에 초점을 두기보다, 500만 원 모으기 또는 1,000만 원 모으기처럼 만기액에 초점을 두고 저축액을 월 40만 9,000원 또는 월 81만 8,000원의 형태로 하는 게 좋은 저축 방식이다.

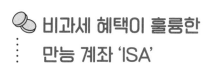

비과세 혜택이 훌륭한 만능 계좌 'ISA'

개념

ISA Individual Savings Account(개인종합자산관리계좌)는 하나의 통장으로 예금, 적금, 주식, 펀드, ELS Equity Linked Securities(주가 연계 증권) 등 다양한

금융 상품에 투자할 수 있는 계좌다. 저금리·저성장 시대에 개인의 종합적 자산관리를 통한 재산 형성을 지원하려는 취지로 도입한 절세 계좌다.

소득 조건에 따라 일반형과 서민형에 가입할 수 있는데, 일반형은 최대 200만 원, 서민형은 최대 400만 원의 비과세 혜택이 주어진다(15.4% 이자소득세 면제 등). 비과세 한도 초과 시에는 초과 이익에 한해 9.9% 저율 분리 과세된다.

일반형은 만 15~19세 미만 근로소득자 또는 만 19세 이상이라면 가입할 수 있고, 서민형은 연 소득 5,000만 원 이하 또는 종합소득 3,800만 원 이하라면 가입할 수 있다. ISA는 연간 2,000만 원, 5년간 최대 1억 원까지 불입이 가능하다.

단, 유지 의무 기간이 가입일로부터 3년, 계좌 관리 수수료 발생, 원금 손실 발생 가능성 등의 단점이 있으니 가입 전 꼼꼼히 내용을 살펴보아야 한다.

특징

앞서 설명한 1억 원 모으기는 일반적인 직장인이라면 대부분 3년 이상 걸리는 중장기 계획이다. 그러므로 ISA로 예적금을 한다면 일반형은 200만 원까지, 서민형은 400만 원까지 이자소득세가 절감되어 목표 달성까지의 기간 단축에 유리하다. 일반형 가입을 기준으로 월 153만 원씩 5년간 불입해서 1억 원을 모은다면 5년간 약 144만 원의 이자소득세가 72만 9,000원으로 줄어들기 때문에 71만

딱 1억만 모읍시다

3,000원의 절세 효과가 발생한다(세전 이자율 연 4% 기준). 만일 서민형 가입을 기준으로 하면 5년간 144만 원의 이자소득세가 53만원으로 줄어들어 무려 91만 원의 절세 효과가 발생한다(세전 이자율 연 4% 기준).

돈쫄남의 활용 팁

직장인 중 3년 내에 주택 구입이나 결혼 같은 특별한 이벤트가 없어서 자금이 꼭 필요하지도 않음에도 일반 계좌로 예적금 하는 경우가 많다. 목돈을 만들려면 3년 정도는 꾸준히 돈을 모아야 하므로 확실한 사용처가 있지 않는 한 ISA를 이용해서 최대 400만 원 비과세와 저율 분리 과세 효과를 누리는 게 유리하다.

단, 유지 의무 기간과 원금 손실 발생 가능성 등 여러 단점이 있으니, 이러한 내용을 사전에 미리 숙지해 자신의 상황에 맞게 활용하는 게 중요하다.

5년간 최대 5,000만 원을 모을 수 있는 '청년도약계좌'

개념

청년도약계좌는 만 19~34세 청년이 최대 월 70만 원 한도로 저축하면 은행의 우대금리, 매달 최대 2만 4,000원의 정부기여금, 이자소득세에 대한 비과세 혜택을 받아 5년 뒤 최대 5,000만 원의 목돈을 마련하게 해주는 정책 금융 상품이다.

연 소득 2,400만 원 이하의 청년은 월 40만 원 이상 불입하면 정부기여금을 최대 월 2만 4,000원을 받을 수 있으며(기여금 매칭 비율 6%), 연 소득 6,000만 원 초과 7,500만 원의 이하의 청년은 정부기여금을 받지 못하지만 이자소득에 대해 비과세 혜택을 누릴 수 있다. 즉 소득에 따라 정부기여금과 기여금 매칭 비율이 상이하지만 이자소득세는 비과세된다.

연 소득	월 저축 한도액	정부기여금		
		지급 한도액	매칭 비율	월 한도액
2,400만 원 이하 (종합 소득 1,600만 원 이하)	70만 원	40만 원	6%	2만 4,000원
3,600만 원 이하 (종합 소득 2,600만 원 이하)		50만 원	4.6%	2만 3,000원
4,800만 원 이하 (종합 소득 3,600만 원 이하)		60만 원	3.7%	2만 2,200원
6,000만 원 이하 (종합 소득 4,800만 원 이하)		70만 원	3%	2만 1,000원
7,500만 원 이하 (종합 소득 6,300만 원 이하)		-	-	-

특징

이자소득에 대한 비과세 혜택과 최대 월 2만 4,000원의 정부기여금, 은행별 우대금리까지 더해지기 때문에 다른 일반적인 적금으로 같

딱 1억만 모읍시다

은 기간 저축한다고 했을 때 목돈 모으기에 굉장히 유리한 상품이라고 볼 수 있다.

다만 5년 만기 상품으로 중도 해지하게 되면 정부기여금과 비과세 혜택을 받을 수 없으며, 중도해지 이자율이 적용되어 은행별 우대금리 혜택도 사라지기 때문에 주의해야 한다. 하지만 중도해지사유가 다음과 같은 특별 중도해지사유에 해당되면 중도해지해도 청년도약계좌 혜택이 그대로 유지되니 전략적으로 활용해도 좋다.

특별 중도해지사유

해외 이주, 천재지변, 퇴직 또는 폐업, 생애 최초 주택 구입, 혼인, 출산

돈쭐남의 활용 팁

34세 이하의 사회 초년생이 청년도약계좌의 혜택을 받으려면 목돈의 비중이 높은 전세보다 반전세에 거주하는 등의 방법으로 5년 이내에 목돈이 들어갈 일을 최소화하고 청년도약계좌에 돈을 모으면 좋다.

그럼에도 5년이란 불입 기간이 부담스럽다면 청년도약계좌의 특별 중도해지사유 중에 본인이 해당되는 게 있는지 살펴보자. 혼인, 출산과 같은 특별 중도해지사유에 해당되면 중도해지하더라도 청년도약계좌 혜택을 받을 수 있기 때문이다.

일부 계층만 가입할 수 있는 '비과세종합저축'

개념

비과세종합저축은 사회적 보호가 필요한 일부 계층을 대상으로 저축액에서 발생하는 이자소득, 배당소득에 대해 비과세 혜택을 부여하는 금융 상품이다.

가입 대상은 만 65세 이상자, 장애인, 독립유공자, 독립유공자와 그 유족 또는 가족, 국가유공상이자, 기초생활수급자, 고엽제후유의증환자, 5·18민주화운동부상자다.

저축 한도는 총 5,000만 원이며, 이는 전체 금융 기관 통합 한도다. 2025년 12월 31일까지만 가입이 가능하다.

특징

가입 대상자에 한해서는 이자소득세가 전액 비과세되므로 1억 원 모으기까지의 기간을 단축하는 데 유리하다. 단, 한시적으로 판매하는 상품이므로 가입 대상자라면 서둘러 가입해야 한다.

돈쭐남의 활용 팁

비과제종합저축은 가입 대상이 제한적이라 가입할 수 있는 직장인이 많지 않을 거라 예상한다. 다만 독립유공자뿐만 아니라 그 유족 등도 해당되므로 혹여 자신이 가입 대상이라면 반드시 가입하는 게

딱 1억만 모읍시다

좋다. 또한 2025년까지만 가입 가능하므로 최대한 가입 기간이 긴 상품에 가입하는 게 좋다.

🪙 나에게 딱 맞는 예적금 상품 고르기

지금까지 설명한 다양한 예적금 상품 중에서 나에게 맞는 예적금 상품을 고르기 위해서 참고할 만한 유용한 사이트를 소개하고자 한다. 바로 '금융감독원 금융상품통합비교공시(finlife.fss.or.kr)'다.

돈쭐남이 소개하지 않은 다양한 금융 상품뿐만 아니라 절세 금융 상품, 나중에 1억 원을 모은 뒤 활용할 수 있는 일부 투자 상품도 소개하고 있으니, 참고하기를 바란다.

저축이란 매달 불입하는 적금과 이렇게 만들어진 종잣돈을 일정

◇ '금융감독원 금융상품통합비교공시' 첫 화면 ◇

기간 예치해서 이자로 돈을 불려나가는 예금이 가장 기본적인데, 목돈을 언제 사용할 것인지에 따라 상품의 조합이 달라질 수 있다.

하지만 1억 원 모으기를 한다면 조건에 맞는 정책 금융 상품이 일반 금융 상품에 비해 유리할 수밖에 없다. 1억 원 모으기를 목표하는 기간과 중도해지사유가 발생할 일이 무엇이 있는지를 미리 꼼꼼하게 챙겨서 본인에게 유리한 금융 상품을 고르는 게 중요할 것이다.

딱 1억만 모읍시다

적은 월급에도 1억 원을 모은 사람들은 어떤 사람들일까?

돈쭐남은 그동안 1억 원 모으기에 성공한 수많은 사람을 만났는데, 그들의 월 소득은 제각각이었다. 소득이 아주 높은 사람들도 간혹 있었지만, 대부분의 소득 수준은 매우 평범했다. 소득이 매우 높은 사람이 1억 원 모으기에 성공했다면, 어쩌면 1억 원을 모았다기보다는 '월급을 아껴 쓰고 1억 원을 잘 남겼다'라는 표현이 더 어울릴지 모르겠다. 워낙 소득이 높으니 약간의 절제된 행동만 뒷받침되면 쉽게 돈이 모이기 때문이다.

하지만 소득이 낮으면 이야기가 다르다. 그래서 돈쭐남은 이런 사람들의 이야기가 더 인상 깊다. 300~400만 원대의 평범한 월 소득, 혹은 300만 원도 채 안 되는 월 소득으로 1억 원을 모은 사람들의 이야기가 특히 기억에 남는다. 그들의 저축 방법이나 구체적인 생활 습관까지 세세하게 모두 알 수는 없지만, 그들의 저축 규모나 어떤 마음가짐으로 돈을 모았는지에 대한 이야기는 기억이 생생하다. 그들의 간절함과 성실함이 돈쭐남에게 깊은 감동을 주었기 때문이다.

적은 월급에도 1억 원을 모은 사람들은 대체 어떤 행동을 했을까? 그리고 또 무엇을 중요하게 생각했을까? 돈쭐남은 그동안 1억 원 모으기에 성공했던 사람들에게 어떤 공통점이 있었는지 기억을 더듬으면서 메모지에 적어 보았는데, 그들에게는 6가지의 공통점이 있었다. 지금부터 그 내용을 하나씩 소개하겠다.

1억 원을 모은 사람들의 공통점
- 숫자로 표시한 분명한 목표가 있다.
- 선저축을 한다.
- 가계부를 쓴다.
- 증액저축을 한다.
- 계절 지출 통장과 셀프 리워드 계획을 만든다.
- 월급을 공금이라 생각한다.

딱 1억만 모읍시다

공통점 1:
숫자로 표시한 분명한 목표가 있다

적은 월급으로 1억 원을 모은 사람들은 하나같이 숫자로 표시한 분명한 목표를 가지고 있었다. 그리고 사소한 것 같지만 어딘가에 이 목표가 적어두었다. 그들은 목표를 다이어리나 책상 앞, 혹은 카카오톡 프로필 상태 메시지처럼 잘 보이는 곳에 기록해 두었다.

1억 원을 모으게 되면 그 돈으로 무엇을 할 것인지는 당장 떠오르지 않더라도 상관없다. 1억 원을 모으겠다는 목표를 분명히 할 수만 있다면 그것 자체로 의미가 있다. 처음에는 금액 자체가 목적이고 목표다. 꿈이란 상상에서 시작된다. 다만 꿈을 좀 더 구체화해서 실행 가능한 목표가 되려면 시기와 방법을 못 박아야 하니, 언제까지 어떻게 1억 원을 모을지를 먼저 정하는 게 중요하다.

월급이 적다면 최소한 5~6년, 아니 어쩌면 그 이상 걸릴 수 있는 절대 짧지 않은 시간 동안 1억 원이라는 목표가 어떻게 그토록 분명할 수 있는 것일까? 아마도 그들은 지금 당장은 1억 원이 없지만 1억 원 모으기를 위한 저축을 시작한 날부터 거의 매일 그 목표를 생각하면서 기분 좋은 꿈과 상상을 한 것일지도 모른다. 마치 로또를 산 뒤에 당첨자 발표가 나기 전까지 '만일 로또 1등에 당첨되면 무엇을 할까?'를 상상하며 달콤한 상념에 잠기는 것과 비슷하다. 로또의 당첨 확률이 1/814만 5,060로 엄청나게 희박함에도 이처럼 즐거운 상상을 하게 되는데, 내가 노력만 하면 100% 이루어 질 일에 대해서 상상하는 것은 식은 죽 먹기가 아니겠는가?

 ## 공통점 2:
선저축을 한다

적은 월급으로 1억 원을 모은 사람들의 두 번째 공통점은 바로 선저축을 했다는 것이다. 1억 원을 일정 기간 내에 모으고자 한다면 자신의 상황에 맞는 예적금에 가입해야 한다. 예를 들어 단기간 내에 목돈을 쓸 일이 없다면 청년도약계좌나 ISA를 활용하는 게 목표 달성에 유리할 수 있다. 이런 경우가 아니라면 일반 정기적금을 활용해도 충분히 1억 원을 모을 수 있다. 중요한 건 어떤 금융 상품에 가입하든 1억 원을 모으기 위해서는 소비 절제, 즉 절약을 해야 한다는 사실이다.

예를 들어 5년 내에 1억 원 모으기를 정기적금으로 하고자 목표를 잡은 사람이 있다고 가정해 보자. 세전 이자율이 연 4%짜리 적금에 가입했다면 월 153만 원 정도를 저축해야만 하는데, 153만 원을 저축하기 위해 가장 먼저 해야 하는 행동은 무엇인가? 대부분의 사람은 다음과 같이 행동한다.

신용카드 내역을 출력해서 소비 내용 확인 → 고정비를 어떻게 줄일지 고민 → 변동 지출을 어떻게 줄일지 고민 → 항목별로 예산 수립 → 적금 가입

이러한 단계별 행동의 목적은 이제부터 1억 원을 모으기 위해 내가 월 153만 원이란 돈을 5년간 저축하려면, 신용카드 내역서를 보고 그동안의 소비를 분석해 어디에서 소비를 줄일지를 확인하기 위함이다. 불필요한 소비, 줄일 수 있는 소비 항목이 보이면 다시 예산을 수립해 소비를 줄인 뒤, 비로소 남은 돈으로 저축을 시작하게 되는 것이다.

아마 대부분이 이러한 과정이 옳다고 생각하겠지만 사실 틀렸다. 소비를 줄이기 위한 노력은 오랜 시간이 걸릴 수 있고, 소비를 줄이는 과정도 힘들어 지레 포기할 수 있기 때문이다. 너무나 당연하게도 1억 원 모으기에 성공한 사람들은 이런 식으로 저축하지 않았다. 그들은 선저축했다. 선저축은 먼저 저축을 하고 나서 남은 예산 안에서 생활을 하자는 것이므로, 현재의 소비를 우선 줄여보고 나서 그다음 저축을 하는 것과 순서가 반대다. 정리하면, 아끼고→모으는 게 아니라, 모으고→아끼는 순서가 되어야 한다. 후자의 방식대로 하면 소비는 반강제적으로 무조건 줄어들게 된다. 선저축은 돈쭐남이 자주 인용하는 비유인 발을 뻗지 못하도록 아예 누울 자리를 치워버리는 방식이다.

사실 월급 관리가 안 되는 이유도 선저축→후소비를 하지 않아 충분한 금액을 저축하지 않았기 때문이다. 목표 달성을 위한 금액을 먼저 저축한 뒤에는 쓸 돈이 확 줄어들기 때문에 목표 저축액 달성과 불필요한 소비 막기가 동시에 가능하니 자연스레 돈 관리가 이루어지기 시작한다.

적금 가입(선저축) → 신용카드 내역을 출력해서 소비 내용 확인 → 고정비를 어떻게 줄일지 고민 → 변동 지출을 어떻게 줄일지 고민 → 항목별로 예산 수립 → 가계부 작성

선저축은 1억 원 모으기를 위한 강력한 도구이자 제1원칙과도 같은 것이다. 그러므로 이제부터라도 1억 원을 모으기에 성공한 사람처럼 선저축→후소비 방식으로 바꾸어 보자.

공통점 3:
가계부를 쓴다

앞서 선저축이 1억 원 모으기의 제1원칙이라 말했다. 그런데 선저축을 하게 되면 소비 예산이 갑자기 줄어 필연적으로 불편함을 느낄 수밖에 없다. 1억 원 모으기에 성공한 사람도 마찬가지였다. 그 불편함의 정도는 사람마다 다를 뿐이다. 그렇다면 적은 월급으로 1억 원 모으기에 성공한 사람은 어떻게 이 불편함을 해소했을까?

이는 1억 원 모으기에 성공한 사람들의 세 번째 공통점이기도 한데, 1억 원을 모은 사람 대부분은 가계부를 작성했다. 돈쭐남은 1억 원을 모으고자 하는 사람들에게 이 방법을 강력하게 추천하고 싶다. 최근에는 가계부 앱의 완성도가 높아, 소비할 때마다 카드사에서 발송하는 문자를 AI가 인식해서 소비한 업체의 상호를 인식하고 소비

용도 등을 구분해 기록하고 분석해 주기까지 한다. 그런데 만약 가계부를 한 번도 안 써보았다면 처음에는 다이어리 같은 형식에 손글씨로 써보기를 추천한다. 하루 5분 정도만 투자해서 매일 쓰되 일주일, 한 달 단위로 다시 정리하는 습관을 기른다면, 소비를 후회하게 하는 영수증을 만드는 일 자체를 원천 차단할 수 있을 것이다.

가계부에 지출 기록을 적는 것 자체만으로도 소비 개선에 큰 도움이 되는 이유는, 지출 내역을 적으면서 변동 지출의 아쉬웠던 점이나 지출이 컸던 이유를 간단하게나마 적어두기 때문에 다음에 같은 상황에 처했을 때 지출 판단과 결정에 도움이 될 수 있기 때문이다. 그뿐만 아니라 현재 내가 어디에 얼마를 쓰고 있는지를 정확하게 파악할 수 있다. 이것이 왜 중요하냐면 과소비를 통제하지 못하는 대부분의 사람은 본인이 어디에 얼마를 쓰는지 잘 모르기 때문이다.

그렇다면 가계부는 구체적으로 어떻게 작성하는 게 좋을까? 이제부터 돈쭐남이 똑똑하게 가계부 작성하는 방법을 알려주겠다. 돈쭐남의 가계부를 참고해서 이 글을 읽어보기를 바란다.

가계부는 기본적으로 1일 단위로 작성하되 주간, 월간 리뷰도 작성해야 한다.

가계부 작성 기본 원칙
- 1일 기록 – 단순 지출 항목과 금액, 지출의 원인
- 주간 리뷰 – 소비 항목별 금액, 현재 예산 대비 소진 비율
- 월간 리뷰 – 소비 항목별 금액, 월간 예산 대비 소진 비율

◇ 돈줄남이 직접 작성한 가계부 ◇

5월 → 가정거달

	6 (월)	7 (화)	8 (수)	9 (목)
집밥·간식	이마트 69500 / 점심 76000 / ~~편의점~~			
외식·배달	커피 4700	점심 24,000 / 저녁 10,000 / 커피 4700	부모님 110,000 ~~ ~~ / 어버이날	점심 10,000 / 피자 32000 / 커피 6500
생활용품	쿠팡 8000	생필 120,000		쿠팡 38000
의류·미용		커트 28000		~~정리~~
문화생활	책구입 18600			선물 48000
교통	버스 3000	버스 3000	택시 11200	버스 3000
의료				
교육				인강결제 80,000
기타		꽃 70,000 ~~ ~~		

	6 (월)	7 (화)	8 (수)	9 (목)
● 신용	77500	123000	41200	121300
● 체크	61900	66300	110,000	91,600
● 현금			~~ ~~	
● 합계	139400	189300	151200	212500

딱 1억만 모읍시다

돈을 너무 쌍이 쓴
한주까

10 (금)	11 (토)	12 (일)	주간 결산		
마트 70,000 마트 40,000	이마트 48,000		〈70〉 집밥·간식	181,500	27%
점심 24,000 카페 4,500	외식 40,000	점심 8,000 카페 9,000	〈50〉 외식·배달	281,600	56%
네이버 쇼핑 10,000		디저트 7,000	생활용품 〈35〉 의류·미용	71,000 28,000	28%
	신발 77,000		〈35〉 문화생활	96,600	28%
버스 7,000	준비 40,000		교통	67,200	?
병원 6,000 약국 47,000 안마			의료	9,500	
			교육	80,000	
	축의금 100,000 졸효!		기타	130,000	
72,500 13,000	158,000	20,000	• 신용	612,000	
		150,000	• 체크	742,800	
85,000	258,000	20,000	• 현금		35%
			• 합계	1,055,400	

매일 그날의 지출을 항목별로 나누어서 적기

가계부 작성 시 가장 중요한 점은 이 지출이 어떤 항목인지를 구분하는 것이다. 예를 들면 돈쭐남의 가계부처럼 지출 항목을 나누어서 각각의 금액을 적어야 한다. 항목은 자신의 상황에 맞게 정하면 되는데, ① 집밥, 간식 ② 외식, 배달 ③ 생활용품 ④ 의류, 미용 ⑤ 문화생활 ⑥ 교통 ⑦ 교육 ⑧ 기타 등의 항목으로 나누는 게 일반적이다.

평소와 달리 지출 금액이 컸을 때 지출의 이유를 간단히 메모

보통 하루에 커피값으로 3,000~4,000원을 지출했는데, 갑자기 16,800원이나 사용한 기록이 있다면 그 이유는 무엇일까? 브랜드 커피숍에서 디저트를 같이 구매했을 수도 있고, 지인들에게 한턱냈을 수도 있다. 혹은 그날따라 생크림이 가득 올라간 커피가 당겼거나 피곤해서 여러 잔의 커피를 마셨을 수 있다. 어찌되었든 당시에는 지출이 컸던 나름의 이유가 있지만 지나고 나면 그 이유를 까먹는다. 미래의 내가 이 지출을 궁금해 할 수도 있고, 무엇보다도 평소보다 큰 금액은 과소비였을 가능성이 크기 때문에 반드시 기록 후 나중에 다시 확인해야 한다.

항목별로 주간 지출 합계 금액을 적고 예산 대비 금주의 사용률 계산

'커피 4,000원' '간식 8,000원' '생활용품 13,000원' 이런 식으로 항목별로 적으면 항목별 주간 지출 합계를 계산하는 데 편리하다. 이렇게 항목별로 적은 지출은 전체 예산 대비 금주의 사용률과 함께 적는다.

딱 1억만 모읍시다

그렇게 매주 지출 합계 금액을 누적하면 월말로 갈수록 1,738,900원 (87% 사용)과 같이 전체 예산 대비 사용률을 자연스럽게 확인해 볼 수 있다.

변동 지출 금액은 예산 항목별로 주간 사용률을 계산

한 주간의 지출 금액 중 변동 지출, 대표적으로 외식비, 쇼핑비, 문화레저비 항목 지출 금액이 예산 대비 몇 %인지를 확인해야 한다. '외식비 예산 70만 원 중 54만 6,000원 사용(78% 사용)' '배달비 예산 20만 원 중 9만 9,000원 사용(50% 사용)' 이런 식으로 기록하면 된다.

 공통점 4:
　　　계절 지출 통장과 셀프 리워드 계획을 만든다

야심차게 1억 원 모으기 저축을 이어가다가 중간에 저축을 포기하는 경우도 적지 않다. 보통 실패하는 원인으로는 매달 사용하는 고정비나 외식비, 쇼핑비, 문화레저비 때문이라기보다는, 갑자기 돌발적으로 사용하게 되는 이벤트성 비용 때문인 경우가 많다. 명절, 여행, 생일, 기념일, 겨울옷처럼 매달은 아니지만 계절 단위로 큰돈이 나갈 일이 생기는 경우를 대비하지 못하면 애써 지켜오던 1억 원 모으기 목표는 깨지기 쉽다. 따라서 1억 원 모으기에 성공한 사람들은 계절 지출 통장을 따로 만들어 그 목표를 지켜나갔다.

계절 지출 통장이란 매달 나가는 돈은 아니지만 비정기적으로 (계절 단위로) 나가는 비용을 따로 관리하기 위해 만든 통장이다. 이 금액은 1년에 보통 월 평균 소득의 100% 정도가 적당하지만, 사람마다 취향이나 스타일이 다르니 상황에 따라 조절할 수 있다. 만일 평소에는 돈을 아껴쓰지만 여행이나 이벤트에는 돈을 많이 쓰는 스타일이라면 계절 지출 통장에 1년간 월 평균 소득의 100%보다 더 많은 금액을 모으되, 대신 평소 다른 소비 항목 예산을 과감하게 줄이면 된다. 그런 경우를 제외하고는 월 평균 소득의 100% 정도가 적당하다. 월 소득 300만 원인 사람은 계절 지출 통장에 1년에 300만 원 정도 모으면 되니, 매달 25만 원씩 저축하면 된다.

하지만 이 금액이 절대 넉넉하지 않다는 것을 돈쭐남도 알고 있다. 그래서 1억 원을 모으는 도중에라도 적절히 자신에게 보상해서 동기부여를 해주는 게 중요하다고 누누이 말한다. 보통 월 소득의 5% 정도의 금액을 자신에게 보상하는 게 가장 좋다고 생각한다. 셀프 리워드를 위해 1,000만 원보다 조금 더 모아 1,050만 원을 모은 뒤 50만 원으로 한우 오마카세 가기, 2,000만 원보다 조금 더 모아 2,100만 원을 모은 뒤 100만 원으로 호캉스 가기, 3,000만 원보다 조금 더 모아 3,150만 원을 모은 뒤 150만 원으로 동남아 여행을 가는 보상을 계획해 보자. 이런 게 1억 원 모으기를 실패하지 않게 도와주는 셀프 리워드다.

딱 1억만 모읍시다

공통점 5:
증액저축을 한다

증액저축은 앞에서 자세하게 설명했으니 여기에서는 간단하게만 말하겠다. 적은 월급으로 1억 원 모으기에 성공한 사람은 공통적으로 증액저축을 했다. 월급이 적기 때문에 어쩌면 당연한 선택이지만, 증액저축으로 저축 근력을 키워 1억 원 모으기에 성공할 수 있었다.

대부분 매년 적은 금액이라도 연봉이 인상된다. 연봉이 인상되면 자연스럽게 저축 여력이 늘 거라 생각하지만 이는 착각이다. 소득이 늘어나면 소비 또한 늘어나기 때문에 매년 저축액을 늘려 저축률 하락을 방어해야 한다.

증액저축은 처음부터 무리한 저축으로 1억 원 모으기를 포기하는 불상사를 막을 수 있고, 저축 근력을 키워 꾸준히 목표를 향해 갈수 있는 원동력이 된다. 따라서 적은 월급으로 1억 원 모으기를 한다면 증액저축 또한 필수다.

공통점 6:
월급을 공금이라 생각한다

정말 재미있는 사실은 적은 월급으로 1억 원을 모은 사람 모두 월급에 대해 공금 의식이 있다는 것이다. 즉 월 소득의 100%를 현재의 내가 다 쓸 수 있는 돈이라고 생각하지 않는다. '공금이란 회삿돈이나 동창회비처럼 돈의 주인이 여러 사람인 돈을 말하는데, 대체 월급에 대해 공금 의식이 있다는 게 무슨 말이지?'라고 생각하는 사람이 많을 거라 생각한다.

월급을 공금이라고 생각하는 사람들은 지금의 내가 유일한 월급의 주인이 아니라고 생각한다. 돈의 주인은 지금의 나, 5년 후의 나, 10년 후의 나, 그리고 은퇴해서 경제력이 없어진 먼 미래의 나라고 생각한다. 그래야 미래의 나의 몫을 위해 저축하고, 불필요한 소비를 통제하기 때문이다.

적은 월급으로 1억 원 모으기에 도전 중인 배대양 씨 사례를 소개하며 왜 1억 원 모으기에 공금 의식이 중요한지 설명하겠다.

배대양(27세) 씨는 식품 회사에서 안전 관리 업무를 하는 사회 초년생이다. 그는 월 소득 270만 원 중 220만 원을 저축하고 있을 정도로 단기간 내에 1억 원을 모으고자 하는 열정이 매우 강하다. 독서가 취미지만 책의 상당수를 도서관에서 빌려 보고, 돈이 드는 취미 활동 대신 러닝을 한다. 본인이 좋아하는 책 살 돈이나 취미 활동에 필요한 돈마저도 저축을 하는 셈이다. 기존에 있던 3,500만 원에 추가로 매달 220만 원 이상 5개월간 저축해서 현재까지 총 4,800만 원을 모은 배대양 씨는, 자신의 책상 앞에 '2026년 12월까지 1억 원 모으기'를 크게 써 붙였다.

그가 이렇게 강력하게 1억 원 모으기를 하게 된 계기는 돈쭐남의 유튜브 영상을 본 것에서 시작된 거지만, 그 이전에 그의 마음을 변화시킨 사건이 하나 있었다. 바로 입사 초기에 주식 투자에 크게 실패했던 경험이다. 그 일이 있은 후 그는 투자보다는 저축으로 돈을 모아야겠다고 다짐했고, 5개월만에 1,300만 원을 모았다. 이러한 추세라면 2026년 말에는 1억 원 모으기에 성공할 거라 예상된다.

돈쭐남이 만난 배대양 씨는 과거 자신의 주식 투자 실패로 미래의 나에게 빚을 졌다고 생각하고 있었다. 그는 미래의 자신을 채권자로, 현재의 자신을 채무자라고 표현했다. 아주 독특한 사고방식인데 현재의 내가 제대로 할 일을 안 하면 미래의 나에게 빚을 지는 것이라고 생각하는 것이다. 이것이 돈쭐남이 자주 언급하는 표현, 즉 지금의 돈은 현재의 나와 미래의 내가 돈의 공동 주인이라는 공금의식이다.

다음 페이지의 계약서는 2026년 미래의 배대양 씨와 2024년 현재의 배대양 씨가 계약을 한 것으로 갑이 미래의 배대양 씨, 을이 현재의 배대양 씨다. 여러분 중에 "뭐 이렇게까지 하는가?"라고 반문할 수 있을 것이다. 이 정도까지는 아니더라도 1억 원을 모으고 싶다면 반드시 월급을 공금이라 생각하기를 바란다. 1억 원 모으기 자체가 경제적으로 안정된 미래를 위한 첫 걸음인 만큼, 월급에 대해 공금 의식을 가져야 현재의 목표 달성을 하는 데 동기 부여가 되고 계속 나아가는 힘이 될 것이다.

◇ 2024년 배대양 씨와 2026년 배대양 씨의 계약서 ◇

계 약 서

이 계약의 목적은 인간 배대양이 2026년 12월까지 순자산 1억을 만드는 것을 목적으로 한다.
이 계약의 '갑'은 2026년 12월의 배대양이며, '을'은 다음의 사항을 저지르면 약속한 금액을
필히 저축하여야 한다. (을은 현재 이 계약서를 읽는 배대양으로 한다.)
1. 부모님이 찌끄러뜨린 사정으로 서약자가 되어야 할 때
2. 주택청약 등에 당첨되어 보증금/계약금 등을 필요로 할 경우 사용 금액도 자산으로 포함한다.
3. 결혼 안 여자가 생겨 혼수에 필요한 준비를 하게 되었을 때
4. 서약자의 건강상의 이유로 계약 이행이 어렵다 판단 될 때
5. 그 외 합리적인 이유를 주변인 5명에게 인정을 받을 때
의 경우를 제외한다면 '을'은 '갑'과의 계약을 이행한다. 또한 '갑'은 '을'에게 매월 50,000원을
지급하고, 을은 경조사나 머리 손차비 등 교유롭게 이용할 수있다. (이상 목적에 한정).
                    2024. 03. 25.   갑 : 26년 배대양
                                      을 : 24년 배대양

★ 나의 다짐.
1. 용돈은 주변에 벗어서 쓰라. /구망은 비 (야간)
2. 짧은 일으로 최고 선도사간에서 발릴 것.
3. 최루앗탕에 칩은 쓰기 위하여 딱 개의 식사 외 어떠것도 먹지않는다.

◇ 공금의식을 가진 배대양 씨의 일기 ◇

아흐 세번째 가득!
Date. 24. 03. 30.

요즘 돈에 대한 강박이 심하다.
전원도 아낄 수 있는 선택지가 있다면
그를 택한다.
피곤하긴 해도 소비 인플레이션을 이기고
저축 근육을 키워서 좋다.
가난하게 사는 것보다는 빈곤하게 살면서
굼으어 저축하는 것이 좋다.

벅십구번째 가득!!
Date. 24. 04. 25.

이젠 모든 인간관계가 돈으로 보인다.
친구와의 모임도, 가족과의 식사도...
쉽게 가질 수 없다.
나를 위해 1억 모으기를 시작했는데,
정말 나를 위하는 게 맞을까?
저축 강박에 벗어나 행복한 저축을
하고 싶다.

실백 여십칠번때 새벽!
Date. 24. 05. 03.

4~6일 구망 앙비께서 기쁘다.
오늘 하루만해도 시간이 너무 많아 든다.
지금이라도 운동을 나간다.
어차피 잠도 없다.

실백 여십팔번째 처음!
Date. 24. 05. 04.

일이 힘들다보니 자연스럽게 목사 짜증이
난다. 정신없이 바쁘다보니 시간은
금방 지나갔지만, 나의 오난 부분을
다시 마주하게 되었다.
'아 ~ 에게 그냥 나의 오습이구나 ~'
싶다가도 나의 성격의 좋은 점을
발산하는 사람이 되자고 생각했다.

"1억 원 모으기는 부자가 되는
'첫 번째 허들' '디딤돌' '첫걸음' 등
수많은 수식어가 따라붙을 만큼,
반드시 성공해야만 다음 단계로
넘어갈 수 있는 중요한 목표다.
누구나 부자가 될 수 있다.
부자가 되는 사람과 그렇지 못하는 사람의 차이는
1억 원 모으기를 해냈냐, 못 했냐일 뿐이다."

CHAPTER 4

자수성가형 부자들의 성공 프로세스

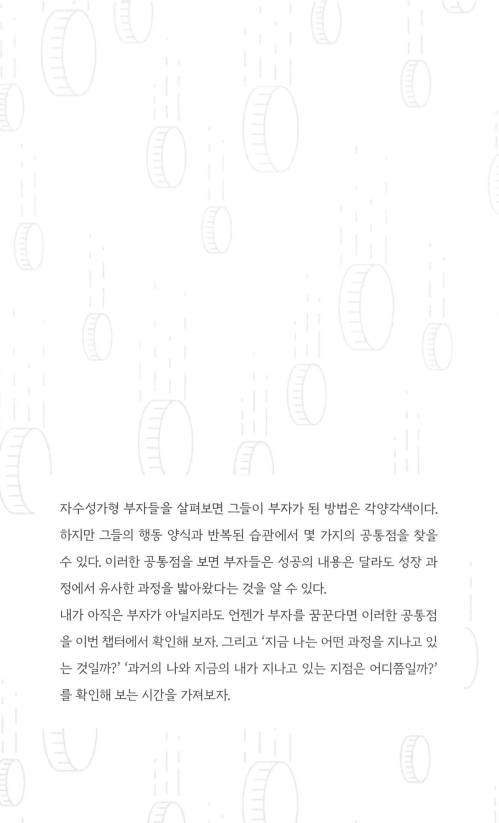

자수성가형 부자들을 살펴보면 그들이 부자가 된 방법은 각양각색이다. 하지만 그들의 행동 양식과 반복된 습관에서 몇 가지의 공통점을 찾을 수 있다. 이러한 공통점을 보면 부자들은 성공의 내용은 달라도 성장 과정에서 유사한 과정을 밟아왔다는 것을 알 수 있다.

내가 아직은 부자가 아닐지라도 언젠가 부자를 꿈꾼다면 이러한 공통점을 이번 챕터에서 확인해 보자. 그리고 '지금 나는 어떤 과정을 지나고 있는 것일까?' '과거의 나와 지금의 내가 지나고 있는 지점은 어디쯤일까?'를 확인해 보는 시간을 가져보자.

부자가 되는 일은 과연
재능일까, 노력일까?

 **부자가 되는 일은
계발할 수 있는 재능이다**

이 세상에 성공이란 단어를 붙일 수 있는 분야에서는 언제나 '재능이 중요한가?' 아니면 '노력이 더 중요한가?'에 대한 논쟁이 있었다. 많은 사람이 음악이나 미술과 같은 분야에서의 성공은 재능이 더 중요하다고 답한다. 물론 훌륭한 예술가라고 모두 재능에만 의존하는 건 아니지만, 예술 분야에서 유독 재능이 중요하다고 말하는 사람이 많다.

운동은 어떨까? 그 역시 재능이 중요하다고 말하는 사람이 많다.

　예술과 운동이 노력보다 재능이 중요한 분야라면, 일반적으로 노력이 중요한 분야라고 알려진 공부에 집중해야 하는지를 고민하는 사람이 생긴다. 그러나 대한민국 사교육계에서 최고의 수학 강사로 꼽히는 현우진 선생님이 강의에서 말씀하시기를, 공부도 재능이 중요하다고 한다. 다만 현우진 선생님이 말씀하시는 재능은 노력을 하는 태도와 자세라고 한다. 공부를 하다 보면 한계를 느끼고 어려움에 맞닥트릴 때가 온다. 그때 그것을 돌파해 내는 노력이 필요하며, 그런 노력을 할 수 있는 것 자체가 재능이라는게 그의 설명이다. 공부를 잘하려면 발전하고 성장하고 싶은 욕구가 중요한 만큼 어떠한 어려움에도 포기하지 않고 지속하려는 노력이 필수이기 때문에 공부도 재능이 중요한 것이다.

　이야기가 이쯤 되면 '부자가 되는 일 또한 재능이 아닌가?' 하며 한숨이 나올 수도 있다. 하지만 이 논쟁은 무의미하다. 공부처럼 부자가 되기 위한 노력도 재능이지만, 이 재능을 절대로 타고난 재능이라고 말하지 않기 때문이다. 타고나서 절대 바꿀 수 없는 게 아니라 태도와 자세를 바꾸고 그것을 계발한다면 달라지는 게 재능이란 말이다. 물론 태도와 자세를 바꾸고 행동하는 하는 사람은 소수이니 부자가 되는 일이 타고난 재능이라고 의심할 수 있지만 전혀 그렇지 않다.

딱 1억만 모읍시다

부자가 되기 위해서는
성장 마인드셋을 지녀야 한다

그렇다면 부자가 되기 위한 노력을 할 수 있게 하는 재능은 어디서 나올까? 이는 자신의 마음가짐에 달려 있다. 즉 성장 마인드셋이 부자가 될 수 있는 재능의 기반이다.

성장 마인드셋과 고정 마인드셋

성장 마인드셋이란 심리학자 캐롤 드웩Carol Dweck 교수가 그의 저서인 『마인드셋』에서 밝힌 것으로, 이 책에서 고정 마인드셋와 함께 비교, 설명한다. 드웩 교수가 이 책에서 말하기를 고정 마인드셋은 능력은 변화하지 않는다고 믿는 마음가짐이며, 반대 개념인 성장 마인드셋은 능력은 얼마든지 발전시킬 수 있다고 믿는 마음가짐이다. 고정 마인드셋을 지닌 사람은 실패에 훨씬 더 민감하다. 이 사람에게는 모든 게 고정되어 있어서 한 번의 실패가 곧 평생의 실패를 의미하기 때문이다. 반면에 성장 마인드셋을 지닌 사람은 도전을 자신의 역량을 향상시키는 기회로 여긴다. 그러므로 고정 마인드셋을 지닌 사람은 성장 마인드셋을 지닌 사람에 비해 성공할 가능성이 확연히 낮다는 게 드웩 교수의 설명이다.

그렇다면 성장 마인드셋을 지닌 사람이 어떤 과정으로 부자가 된다는 것일까? 성장 마인드셋은 고정 마인드셋과 대비되는 특징들이 있다. 우선 성장 마인드셋은 재능은 성장할 수 있다고 믿고 끝없

◇ 성장 마인드셋과 고정 마인드셋 ◇

구분	성장 마인드셋	고정 마인드셋
지능에 대한 기본 전제	성장할 수 있다	정해져 있다
욕구	더 많이 배우고 싶다	타인에게 똑똑하게 보이고 싶다
도전	받아들인다	피한다
역경	맞서서 싸운다	쉽게 포기한다
노력	완성을 위한 도구로 생각한다	하찮게 생각한다
비판	겸허히 받아들이고 배우는 기회로 삼는다	옳은 내용이더라도 무시한다
다른 사람의 성공	교훈과 영감을 얻는다	위협을 느낀다

출처: 『마인드셋』

이 새로운 것을 학습하고 배우려는 마음가짐인데, 돈쭐남은 이러한 마음가짐으로 뭐든 임하면 결과물에서 엄청나게 큰 차이가 난다고 생각한다.

성장 마인드셋에 기반한 이직과 전직

성장 마인드셋을 가진 사람은 현재의 직장생활이 어느 정도 성공적이라도 이에 만족하지 않고 끝없이 학습과 도전을 반복하다 보니, 이직과 전직을 시도하는 경우가 많다. 하지만 이직과 전직이 모두 좋은 결과를 낳지는 않는다. 자수성가형 부자 대부분은 이직과 전직을 경험했다는 공통점이 있지만, 이들 모두가 항상 성공한 건 아니었다. 특히 이직보다 전직이 그러하다. 돈쭐남도 10년간의 직장생활 후 일종의 전직을 택한 셈이지만, 결과가 처음에 생각했던 것만큼 좋지 못했다. 그리고 작가나 강사, 인플루언서로서의 작은 성공도, 사실은 전직했을 당시 처음에 생각했던 결과물이 아니다. 그 좋은 직장을 철 없이 그만두고 이직이 아닌 전직을 택한 이후 10년 넘게 무척이나 고생했다.

반면 이직이란 직장인들에게는 자신의 커리어를 인정받으며 좀 더 좋은 조건, 그러니까 나의 몸값을 조금이라도 더 인정해 주는 좋은 직장으로 옮기는 일이므로 일반적이므로 전직보다는 자신의 성장에 도움이 된다. 어떤 경우에는 소득이 높아지지 않음에도 내가 하고 싶은 일을 하기 위해서, 나의 커리어 발전에 도움이 되기 위해서 이직하기도 한다. 돈쭐남은 이 두 경우 모두 자신의 성장과 발전을 위한 일이므로 훌륭한 결정이라고 생각한다. 소득이 오르든, 커리어에 도움이 되든 중요한 사실은 이런 성장 마인드셋이 부자가 되는 데 반드시 필요하다는 사실이다.

그래서 돈쭐남은 이직이 자신이 쌓아 올린 커리어를 더 발전시키고 소득도 올릴 수 있기 때문에 전직보다 이직을 더 추천하지만, 무엇이 되었든 자신이 하고 있는 일이 매우 단순하고 특별한 일이 아니라고 하더라도 그 일을 하는 모든 사람 중 자신이 최고가 되겠다는 자세로 일에 임해야 함을 강조한다. 그런 자세를 가져야 더 배우고 발전하고 성장해서 부자가 될 수 있는 기회를 잡게 될 것이다.

100% 자본소득 궤도에
진입해야 한다

2023년 5월 25일, 고흥 나로우주센터에서 순수 우리 기술로 제작한 한국형 발사체 '누리호'의 3차 발사가 성공했다. 3차 발사는 민간 기업이 처음 참여하고 실용 위성을 탑재한 첫 실전 발사라는 점에서 의미가 컸다. 특히 이 일은 대한민국이 우주 강국 G7으로 우뚝 섰음을 선언하는 일이자 우주로 향한 꿈에 첫발을 내딛는 순간으로 기록된 역사적 사건이다.

인공위성이란 생각할수록 신기한 물건이다. 한번 궤도 위에 올라가면 끝없이 지구 주위를 공전하기 때문이다. 공전이란 한 천체가

딱 1억만 모읍시다

다른 천체의 둘레를 주기적으로 도는 일을 말하는데, 놀랍게도 특별한 에너지 없이도 끝없이 도는 것을 반복한다.

　　돈쭐남은 인공위성이 공전하는 것을 보고 자본소득이 생각났다. 자본소득 창출이 바로 에너지 없이도 계속되는 공전과 닮아 있기 때문이다. 자본소득이란 근로소득 없이도 그 재산으로 이익을 영구적으로 얻는 것을 말한다. 그래서 진정한 부자란 바로 근로소득 없이도 자본소득만으로 생활이 가능한 사람을 말한다.

인공위성 발사 과정과 자수성가형 부자가 되는 과정은 비슷하다

그렇다면 자본소득 없이 현재 근로소득만으로 생활하는 직장인이 100% 자본소득의 궤도에 올라서기 위해서는 어떻게 해야 할까? 이 원리는 마치 인공위성을 쏘아 올리는 과정과 매우 흡사하다. 돈쭐남은 2023년 누리호 3차 발사 중계를 보면서 평범한 직장인이 자본소득의 궤도에 올라가는 프로세스와 매우 비슷하다는 것을 깨달았다. 누리호는 발사 2분 안에 음속을 돌파해야 하고 또 3분 안에 1단 로켓이 분리되어야 하며, 4분 안에 페어링이 분리되어야 한다. 만일 이 시간을 지키지 못한다면 엄청나게 무거운 인공위성을 무중력의 궤도에 올려놓는 일은 실패하게 된다. 일단 어떻게든 반드시 지면으로 끌어당기는 엄청난 중력을 이겨내고 1,000km 밖 우주 상공까지 인공위성을 올려놓으면 이제서야 저절로 공전한다.

이 과정 중 돈쭐남의 흥미를 가장 사로잡은 게 있는데, 바로 인공위성은 발사 후 수분 내에 음속을 돌파해야 한다는 사실이다. 이 무거운 쇳덩어리를 지구 밖으로 밀어 올리려면 가장 중요한 것이 발사 초반 속도다. 그래서 인공위성에서 그 에너지원이 되는 1단 로켓의 크기가 가장 크다. 1단 로켓은 2단 로켓, 3단 로켓에 비해 무겁고 많은 엔진으로 구성되어 있는데, 그 이유는 짧은 시간 안에 큰 힘을 내야 하기 때문이다. 자수성가형 부자의 성장도 초반이 굉장히 중요하다. 즉 누리호 발사 직후부터 2분간은 자수성가형 부자의 사회 초년생 시절과 같다. 자수성가형 부자는 공통적으로 이 시기에 절제와 절약에 바탕을 둔 강력한 자본 축적을 했다. 물론 소비를 절제하고 절약한 사람, 돈을 열심히 모은 사람 모두가 부자가 되지는 않는다. 하지만 부자가 된 사람의 대부분은 사회 초년생 시기에 저축에 큰 힘을 쏟았다.

인공위성을 1,000km 밖 우주 상공으로 쏘아 올릴 수 있는 초반의 속도는 초기 자본 1억 원을 돌파해야 하는 속도일 것이다. 돈쭐남이 1억 원 모으기를 그토록 강조하는 이유가 1억 원을 돌파해야지만 그 다음 단계로 나아갈 수 있기 때문이라고 말했다. 물론 그 속도는 개인의 상황마다 다르겠지만, 돈쭐남은 최대 7년 이내에 1억 원 모으기를 달성해야 한다고 생각한다. 사회생활을 시작하고 7년 이내에 1억 원이라는 벽을 넘어서는 것은, 인공위성이 발사 후 2분 내에 음속을 돌파해야 하는 절체절명의 과제처럼 매우 중요한 목표.

딱 1억만 모읍시다

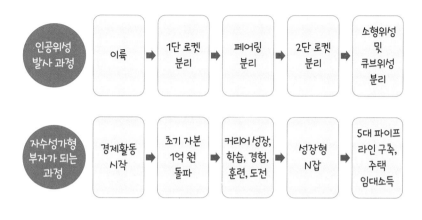

돈쭐남이 생각하는 자본소득으로 나아가는 과정을 인공위성 발사와 비교해 보면 다음과 같다.

1. 부자는 경제활동을 시작한 지 7년 안에 1억 원을 모은다

누리호가 발사 2분 안에 강력한 추진력을 얻어서 로켓을 1,000km 밖 우주 상공으로 밀어 올려야 하는 것처럼, 사회 초년생 때는 강력한 저축으로 최소한의 자본소득으로 가는 1억 원 모으기를 늦어도 7년 이내에 이루어야 한다. 이것은 선택이라기보다는 필수다. 이 시기를 단축시키기 위해서 맞벌이를 할 수 있다면 더더욱 좋다. 만일 경제활동을 시작하고 7년 안에 충분한 수준의 자본을 만들지 못한다면 월세나 전세자금대출과 같은 주거비에 너무 많은 에너지를 소모

할 수밖에 없고, 단기간 내에 수익률을 높이고자 하는 투기적인 성향이 커져서 불필요한 대출이나 투자 실패로 이어질 수도 있다. 그러므로 100% 자본소득의 궤도에 올라선 부자가 되기 위해서는 안정된 자본을 키워나가는 게 가장 중요한 첫 번째 과제인 이유다. 초반에 강력한 저축으로 자본을 모아가는 일이 늦어질수록 결혼이나 내 집 마련의 기반을 만드는 일도 늦어진다는 사실을 명심해야 한다.

2. 부자는 40세 전에 자신의 분야에서 전문성을 갖춘다

부자는 일을 대하는 태도가 남다르다. 그들은 회사에서 자신이 맡은 업무의 중요도와 상관없이 회사에서 꼭 필요한 직원이 되기 위해 노력한다. 즉 자신의 업무에서 전문성을 갖출 수 있도록 노력한다는 것이다. 그리고 자신의 업무에서 "정말 일 잘한다"라는 말을 듣는 것뿐만 아니라, 경제적으로 좀 더 나은 대우를 해주는 곳으로 이직을 꾸준히 시도한다. 부자는 이보다 더 좋은 직장을 찾기가 어려울 정도로 좋은 대우를 받으면서 직장생활을 하더라도, 그 안에서도 더 좋은 대우를 받기 위해 최고로 성장하겠다는 목표가 있다. 물론 꼭 연봉만으로 성공을 평가할 수는 없지만, 분명한 사실은 연봉을 올리는 것만큼 직장인에게 중요한 일이 없다.

자신의 일이 전문적인 영역이 아니라 적극적으로 커리어를 발전하거나 이직하기가 어렵다고 느낀다면 이렇게 생각해 보자. 아무리 평범한 일을 하더라도 대한민국에서 자신과 똑같은 일을 하는 사람들의 연봉과 비교했을 때 본인의 연봉이 단연 1등은 아니지 않는가?

딱 1억만 모읍시다

부자는 평범한 직장생활에 안주하기보다는 이직, 경험, 훈련, 학습, 도전을 꾸준히 추진하며 본인의 몸값을 높이는 데 집중한다.

최근 욜로나 플렉스와 같은 과소비에 면죄부를 주는 말 중에 하나가 바로 '경험자산'이다. "젊은 나이에 이런 경험 한 번쯤은 해봐야 하지 않을까요?"나 "젊어서 경험해 보지 않으면 언제 해보겠어요?"라는 식의 말이다. 그럴듯한 말 같지만, 사실 궤변에 불과하다. 여기서 말하는 경험자산이란 여행, 쇼핑 등 소비를 통한 경험을 말하는데, 분명히 알아두어야 할 점은 경험이란 '소비의 역사'가 아니라 '극복의 역사'라는 점이다. 따라서 도전과 실패의 역사는 경험이 될 수 있지만 어디 가서 돈 쓰고 다닌 일은 절대 경험이 될 수 없다.

3. 부자는 내 집 마련을 최우선의 목표로 삼는다

부자들이 사회 초년생 때부터 실시한 강력한 자본 축적은 주거비를 낮추고 내 집 마련의 시기를 앞당긴다. 즉 부자들은 주거의 안정화를 제1의 목표로 삼고 내 집 마련을 위해 행동한다.

많은 사람이 집은 돈이 많아야만 살 수 있다고 생각하지만 이는 착각이다. 특히 과거에는 주변 시세보다 50~60% 저렴하게 구매할 수 있는 청약이나, 다양한 공공 분양 등의 제도도 있었기 때문에 누구나 열정과 관심을 두고 주택 시장을 들여다보면 좋은 매수 기회가 많았다. 물론 요즘에는 이런 제도를 활용해도 과거보다 주택 매수하기가 더 힘들어진 것도 맞지만, 열정을 가지고 열심히 정보를 찾아보는 사람에게 기회가 주어진다는 사실을 명심해야 한다.

4. 부자는 40~50대 초반부터 성장형 N잡을 시작한다

최근 N잡은 단순히 자신의 시간과 돈을 바꾸는 시간제 N잡도 있지만, 기본적인 생계는 직장생활로 유지하되 추후 창업을 위한 자본과 경험을 축적하는 시기로 활용하는 성장형 N잡이 꽤 많다. 최근 스마트스토어와 같이 직장생활 외의 남는 시간을 활용해 소득을 올리고 이런 경험을 바탕으로 은퇴 이후에 세컨드 잡Second job에 도전하는 직장인이 많다. 100세 시대에 60세에 은퇴해서 남은 40여 년을 보내는 완벽한 노후 준비는 거의 불가능에 가깝기 때문이다. 실제로 자수성가형 부자들은 직장생활을 하면서도 추가적인 수입을 창출하는 수익 모델을 만들거나, 은퇴 이후에도 지속가능한 사업의 토대를 위해 자신의 강점을 바탕으로 한 비즈니스 모델을 만들었다. 그런 의미의 N잡이 바로 성장형 N잡이다.

돈쭐남은 60세 전까지는 나의 적성에 맞는지와 관계없이 의무감으로 하는 생계형 경제활동에 가까운 일을 하고, 60세 이후에는 소득이 낮아지더라도 진짜로 내가 원하고 좋아하고 잘할 수 있는 일을 하려는 움직임이 매우 바람직한 방향이라고 생각한다. 만일 내가 정말 하고 싶고 좋아하는 일이 아니라면 결코 지속적으로 할 수 없기 때문이다. 100% 자본소득만으로 완벽하게 생활이 가능하지 않는 한 은퇴 이후에도 자연스럽게 사회활동이 연장되어야 한다. 만일 그 일이 소득 확보면에서 훌륭하다면 금상첨화겠지만 꼭 그렇지 않더라도 60세에 1차 은퇴한 이후 자신의 사회활동이 연장되어야만 소득이 창출되는 새로운 세컨드 잡까지 발전할 수 있는 밑거름이 될 수

딱 1억만 모읍시다

있기 때문이다.

누리호로 말하자면 1단 로켓과 페어링이 분리된 뒤에 2단 로켓이 분리되는 단계라고 할 수 있다. 2단 로켓이 분리되고 나면 이제 인공위성의 본체가 노출된다. 여기부터가 생계형 경제활동이 아닌 자아실현형 경제활동이다. 자수성가형 부자들은 자신이 좋아하는 일을 비즈니스 단계로 발전시킨 사람들이다. 그러니까 인공위성의 본체가 궤도에 안착하는 과정은 마치 은퇴 이후 100% 자본소득으로 살거나 설사 100% 자본소득으로만 살 수 없어도 오래도록 할 수 있는 은퇴 이후의 사회활동과 비슷한 과정이다.

그렇다면 내가 무엇을 좋아하며 무엇을 잘하는지를 찾아내는 과정이 바로 이 시기에 가장 중요하다. 여기서 내가 좋아하는 일이란 '테니스를 배우고 싶다' '색소폰을 배우고 싶다'와 같은 일이 아니다. 내가 다른 사람의 필요를 해결해 주는 일을 말하는 것이다. 명심해야 할 점은 나의 필요를 해결하는 일이 아니라는 사실이다. 다른 사람의 필요를 해결해 주는 일은 소득이 생기고 나의 필요를 해결해 주는 일은 소비가 된다. 그러므로 이 시기에는 다른 사람들의 필요를 해결해 주는 일 중에서 내가 잘하고 좋아하는 일이 무엇인지 찾는 게 가장 중요하다.

5. 부자들은 60세 이후에 자본소득을 완성한다(사업 또는 세컨드 잡 완성)

우리는 흔히 100% 자본소득으로만 생활한다고 하면 손도 까닥하지 않고 임대소득만으로 생활하는 건물주의 모습을 상상하곤 한다. 하지만 건물주라고 생각처럼 손 하나 까닥하지 않고 임대소득을 벌어들이는 것은 아니다. 건물 관리에는 건물을 유지, 보수하는 데 많은 노력과 시간이 필요하고 공실의 위험을 막기 위한 노력도 해야 하기 때문에 상당한 시간과 에너지가 들어간다.

물론 임대소득만으로 생활할 수 있다면 더할 나위 없겠지만, 그보다 더 중요한 것은 은퇴 이후에 자신이 정말로 좋아하는 일을 하면서 지낼 수 있는지가 중요하다. 소득이 낮아지더라도 은퇴 이후에도 꾸준히 할 수 있냐는 말이다. 이 시기에 많은 사람이 공인중개사 자격증 또는 바리스타 자격증을 따거나 심지어 중장비 면허 취득에 도전하는데, 이는 바람직하지 않다. 다시 자신의 적성과 성향은 무시하고 생계형 경제활동에 뛰어들겠다는 생각인가? 물론 당장에 노후 준비가 전혀 되어 있지 않다면 어쩔 수 없지만, 이런 상황이 되지 않도록 은퇴 전에 미리 준비하는 게 중요할 것이다. 생계형 경제활동이 나쁘다는 말이 아니다. 그간 열심히 생계형 경제활동을 했으니, 적어도 은퇴 이후에는 '어떤 일을 해야 당장 돈을 벌 수 있을까?'라는 틀에 맞추어 일을 구하지 않도록 되도록 미리 준비하는 게 좋다는 말을 하는 것이다.

자수성가형 부자들은 은퇴 이후에 돈이 되는 일에 억지로 자신을 맞추는 게 아니라 일찍부터 자신에게 맞는 비즈니스 모델을 만든 뒤, 좋아하는 그 일을 돈이 되게 했다. "당장 먹고 살기 힘든데 어떻게 합니까?"라고 반문할 수 있겠지만, 부자들은 이런 상황을 만들지

딱 1억만 모읍시다

않기 위해 앞서 40~50세에 자신의 역량을 계발하고 자신이 좋아하고 오래 할 수 있는 일을 찾아냈다. 즉 미리 준비하면 누구나 은퇴 이후에 자신이 진정 원하는 일을 구애받지 않고 할 수 있다는 말이다. 그리고 그 일이 높은 소득을 창출하지 않아도 즐겁게 노후에도 일할 수 있는 사회활동이라면 그것 또한 자본소득일 수 있다. 중요한 것은 인생에서 각 시기에 놓치면 안 되는 중요한 것들을 반드시 실천해야 한다는 것이다. 부자들은 단계별로 꼭 놓치지 말아야 하는 것을 행동에 옮긴다.

자수성가형 부자가 중요시한
6가지 핵심가치

평범한 월급쟁이 직장인이 자수성가형 부자로 거듭나기 위해서는 어떻게 해야 할까? 앞서 언급했듯이 자수성가형 부자들은 자본소득으로 살아갈 수 있는 단계까지 성장을 이루어 낸 사람들이다. 이 때 그들이 공통적으로 중요시했던 6가지의 요소가 있었는데, 돈쭐남은 이 6가지를 마블 영화에 나오는 타노스Thanos의 6개 스톤에 비유해서 설명하고 싶다. 타노스의 스톤들은 각각 강력한 힘을 가지고 있기 때문에 자수성가형 부자가 될 수 있게 하는 6가지의 핵심가치와 매우 닮아 있다. 다음의 스톤 하나하나를 설명할 때마다 자수성가형 부자

딱 1억만 모읍시다

들의 행동과 자신을 비교하면서 살펴보자.

 ## 스톤 1:
부자는 소득 증가를 목표로 한다

사실 대부분의 사람은 소득 성장보다는 투자로 자산 성장을 꿈꾼다. 물론 단박에 자산 성장이 이루어진다면 좋겠지만 현실적이고 안전한 방법으로 자산을 불리려면 투자 성공보다 소득 증가에 더 집중해야 한다.

　최근 극심한 취업난에 청년들의 실업 문제가 사회 문제로 대두되고 있지만 아이러니하게도 기업들도 구인난을 겪고 있다. 기업들은 제대로 된 사람을 구하기 힘들다고 말하는데, 사실 기업들이 신입 사원을 뽑아서 교육 훈련을 시키키보다는 바로 실무에 투입 가능한 인재를 찾다 보니 발생한 일이다. 과거와 달리 기업들이 고연봉 경력자들이 창출하는 생산성이 높다면 신입 사원 여러 명을 채용하는 대신에 기꺼이 소수의 고연봉자만 채용한다는 말이다. 이러한 기업들의 변화에 따라 부자들은 앞서 언급했듯이 이직, 훈련, 학습, 경험, 도전으로 소득 성장을 위한 노력을 최우선의 목표로 삼는다.

　그런데 요즘 회사에서는 '임포족'이라는 말이 유행한다고 한다. 임포족이란 '임원 승진을 포기한 사람들'을 가리키는 말이다. 최근 모 대기업의 노조는 사측과의 협상에서 직원들의 '승진 포기권'을 요구한 바 있다. 이러한 요구 배경으로 임원은 계약직이다 보니 정규직으로 안정적인 근무 환경을 유지해서 근로소득을 받을 수 있는 기간을 늘리려는 의도로 해석할 수도 있겠지만, 빠른 시간 내에 소득을 성장시켜야 한다는 자수성가형 부자들의 목표와는 맞지 않는다. 또한 최근 구직할 때 연봉이 높은 주 5일제 근무보다는 연봉이 낮더라도 주 4일제 근무하는 회사를 선호한다는 충격적인 이야기도 있다.

하지만 자수성가형 부자는 앞서 언급했듯이 소득을 성장시키기 위한 노력을 가장 중요시했다. 대부분의 직장인이 신입 사원 시절을 거쳐 회사에서 어느 정도 적응이 끝나면 매너리즘에 빠진다. 이 때 자신의 커리어를 성장시키려는 의지가 약해지곤 하는데, 부자는 이 시기를 한창 자신의 몸값을 높여서 이직에 도전하는 시기로 활용했다. 그러므로 자수성가형 부자를 꿈꾼다면 최소한 40세 이전이라면 이직, 훈련, 학습, 경험, 도전 이런 단어들이 낯설게 느껴져서는 절대 안 된다. 수차례 강조하지만 N잡으로 당장의 소득을 올리는 노력도 중요하지만 자신의 커리어를 성장, 발전시키려는 노력이 함께 따르지 않으면 안 된다.

다음 단어를 보고 여러분이 그동안 어떤 생각과 어떤 행동을 했는지 적어보자. 자신이 지금 자수성가형 부자를 향해 올바른 길을 가고 있는지, 아니면 반대의 길을 가고 있는지 알 수 있을 것이다. 만약 무엇을 적어야 할지 잘 모르겠다면, 여러분은 부자가 되는 데 가장 중요한 스톤 1개가 손에 없다는 증거다.

딱 1억만 모읍시다

✎ Self Check

○ **다음 단어에 대해 어떤 생각과 행동을 하고 있는가?**

① 이직

② 훈련

③ 학습

④ 경험

⑤ 도전

🪙 스톤 2:
부자는 결혼하고 맞벌이를 한다

자수성가형 부자는 대부분 맞벌이를 했다. 그렇다고 1인 가구는 모두 자수성가형 부자가 될 수 없다는 말이 아니다. 하지만 대부분의 자수성가형 부자는 결혼을 했다. 통계청의 도시근로자 가구원수별 가구당 월평균소득에 따르면 1인 가구 < 2인 가구 < 3인 가구 < 4인 가구 순으로 소득이 높다. 1인 가구 보다 2인 가구의 소득이 높은 것은 맞벌이가 영향을 주었다고 볼 수 있지만 4인 가구의 소득이 가장 높은 이유는 무엇일까? 아마도 4인 가구가 되니 소득이 높아진 게 아니라 그만큼 소득이 높으니 경제녁 여유가 있어 4인 가구가 된 것이라 추측하는 게 타당하다.

과거에 비해 혼인율이 떨어지는 지금의 사회적 분위기에서 경제적으로 도움이 되니 결혼해서 2인 가구를 구성하라고 강요할 수 없다. 하지만 냉정하게 말해 2인 가구가 1인 가구에 비해 부자가 될 확률이 높은 건 분명하다. 상식적으로 생각해 보아도 지출에서 많은 부분을 차지하는 식비, 주거비, 자동차 유지비 등의 고정비는 2인 가구가 1인 가구에 비해 절약할 수 있고, 내 집 마련을 한다고 해도 둘이 50~60㎡ 주택에서 살 때와 혼자 살 때의 유지비가 당연히 차이날 수밖에 없다.

오늘날 떨어지는 혼인율의 원인은 비혼주의자의 증가도 물론 있지만, 결혼에 대해 긍정적인 1인 가구조차도 쉽게 결혼을 결정하지

딱 1억만 모읍시다

못하게 하는 환경 탓도 있다. 사실 결혼할 생각은 있지만 적극적인 행동을 취하지 않는다는 표현이 더 정확하다. 비혼주의자가 아니라면 결혼을 하기 위해 노력해야 한다. 가만히 있는데 운명처럼 인연이 생기는 게 아니다. 실제로 결혼에 성공한 커플들을 만나보면 과거처럼 우연한 만남이 결혼까지 이어졌다는 이야기보다는 결혼이 남다른 노력의 산물일 때가 많다.

> 이지형(가명, 35세) 씨, 이아름(가명, 34세) 씨는 만난 지 이제 갓 1년을 넘기고 내년 초 결혼을 약속한 예비 부부다. 두 사람이 만난 지 1년 만에 결혼을 약속하게 된 이유는 두 사람 모두 결혼을 하겠다는 강한 의지가 있었기 때문이라고 했다. 그래서 두 사람은 우연이 아닌 좋은 배우자감을 만나기 위한 목적으로 걷기 모임에 참여했고, 그곳에서의 만남이 부부의 연으로 이어졌다고 한다.

요즘은 과거에 비해서 사랑보다 서로의 조건을 더욱 꼼꼼하게 따지는 결혼 문화가 있는 것도 사실이지만 자신의 경제관과 가치관이 비슷한 좋은 사람을 만나기 이렇게까지 노력하는 사람들도 있다는 게 돈쭐남은 반갑기도 하고 신기하기도 했다.

따라서 결혼에 긍정적이라면, 아니 결혼을 꿈꾸고 있다면 더 이상 꿈만 꾸기보다 위에서 말한 사례처럼 만남의 접점을 늘리는 행동을 반복하는 노력이 결혼 성공 비결이 될 수 있다. 행동하지 않으면 바라는 일은 절대 일어나지 않는다. 부자는 원하는 게 있으면 생각만으로 그치지 않고 원하는 것을 얻기 위한 행동을 꾸준히 반복한다는 사실을 명심하며, 어차피 결혼할 생각이 있다면 자수성가형 부자가 되는 길을 동행할 배우자를 찾기 위해서 적극적인 행동을 꾸준히 취하기 바란다.

스톤 3: 부자는 부모님의 도움을 받는다

자수성가형 부자가 될 수 있는 3번째 스톤은 '부모님과의 좋은 관계'다. 자수성가형 부자들은 부모님과의 관계를 중요시한다. 그 이유가 무엇일까? 지방에서 서울로 올라와 직장생활을 하는 사회 초년생 중 부모님이 경제적 여유가 있다면 자녀가 거주할 오피스텔 보증금을 해결해 주시는 경우가 많다. 그러면 자녀는 월세나 전세자금대출 이자로 지출되는 금액을 절약할 수 있어 그만큼 경제적 여유가 생긴다. 반면 경제적 지원을 받지 못하면 높은 월세와 전세자금대출 이자를 부담하느라 저축은 뒷전으로 밀려나게 되니 사회 초년생 시절에 자본을 형성하지 못하는 경우가 많다. 낮은 혼인율과 출산율 문제를 해결한다는 차원에서 혼인 및 출산 시 1인당 1억 5,000만 원까지는 증여세를 면제하는 세법 개정안이 올 초에 통과되는 등, 부모의 경제력에 따라 자녀들의 사회 진출의 첫 출발점부터 차이가 나는 경우가 점점 더 생기고 있다.

물론 부자 중에 부모님에게서 두둑한 금전적 도움을 받아 부자가 된 금수저도 많다. 하지만 자수성가형 부자는 그보다는 부모님과 원활한 소통으로 여러 도움을 이끌어 낸다. 부모님께서 엄청나게 큰 재산을 물려주시지 않더라도 작은 도움이라도 주시는 게 부자로 나아가는 데 분명 도움이 될 수도 있다. 이것이 부모님과의 관계가 중요한 이유다.

이미애(가명, 36세) 씨는 지난해 별생각 없이 청약에 지원했다가 경기도에 있는 아파트에 당첨되면서 곤란한 일을 겪었다. 소위 로또 청약에 당첨된 게 왜 곤란한 일일까? 사실 그녀는 자금 계획을 전혀 고려하지 않고 청약에 지원했다. 당첨된 아파트는 GTX-A노선과 멀지 않다 보니 청약에 당첨된다면 추후 수혜를 누릴 수 있을 거라 예상되지만 문제는 그녀가 계약금조차도 없었다는 사실이다. 만약 돈이 부족해 청약을 포기한다면 5년간 재당첨 금지라는 패널티가 있었다. 최근에 중도금과 잔금대출이 원활해졌다고는 하지만 계약금 대출은 그렇지 않고, 설사 무리하게 신용대출을 받는다 해도 계약금을 충당하게 힘들다. 기댈 곳이라고는 부모님밖에 없지만 시골에서 농사만 짓는 부모님이 그렇게 큰돈이 있으실 리가 없다고 생각했다. 그녀는 평소 부모님과 거의 매일 통화할 정도로 소통이 잘 되는 터라 난감한 상황을 별 기대 없이 부모님께 하소연했다. 그런데 뜻밖에도 부모님께서 돈을 빌려주겠다고 말씀하셨다. 평소 돈은 한 푼도 없고 물려줄 재산은 더더욱 없다고 하셨는데, 자금줄이 막혀 난

감했던 그녀에게 결정적일 때 큰 힘이 되어주셨다. 그녀는 부모님의 도움으로 계약금 완납 후 중도금대출을 받아 중도금도 완납한 상태다. 지금은 추후 잔금을 치르기 위해 열심히 저축하고 있다.

이런 경우 외에도 부모님은 자녀가 출산했을 때 육아나 집안일을 도와주시면서 경제적으로는 환산하기 힘들 만큼 자녀들이 기댈 큰 언덕이 되어주시기도 한다. 혹은 부모님과 함께 살 경우, 새로운 자취방을 구하는 비용과 식생활비를 줄일 수 있다. 이 금액은 사람마다 다르겠지만 대략 월 70~80만 원 정도인데, 이 금액이 몇 년 동안 지출된다고 생각하면 부모님께 몇천만 원의 경제적 지원을 받는 것과 같다. 대부분의 직장인이 '우리 부모님은 경제적으로 지원해 주실 능력이 안 됩니다'라고 말하지만, 부모님은 여러분이 생각하지도 못한 방법으로 결정적일 때 여러분의 엄마 찬스, 아빠 찬스가 되어주실 수 있다.

부모님과 소통이 원활할수록 경제적 안정을 얻고 부자가 될 기회를 키우는 데 도움이 된다는 사실을 반드시 기억해야만 한다. 어쨌든 부모님은 자녀가 경제적으로 안정되기를 가장 바라시는 분들이기 때문이다. 부모님이 넉넉한 경제적 지원을 해주실 수 있다면 좋겠지만, 꼭 그렇지 않더라도 평소 부모님과 원활한 소통이 이루어진다면 분명 그것만으로도 여러분은 세 번째 스톤을 가지고 있는 것이다.

스톤 4:
부자는 절제를 바탕으로 한 저축을 한다

이 내용은 이 책의 모든 내용을 아우르는 핵심 중에 핵심이라 말할 수 있다. 소득이 높든 낮든 언제나 처한 상황에서 절제하며 자신의 소득에 걸맞은 저축으로 돈을 모으는 습관은 돈쭐남이 가장 강조하는 것으로, 자수성가형 부자가 되기 위해 가져야 할 필수 덕목이다. 절제의 결과물은 바로 저축이다. 여러분의 소득이 아무리 높아지더라도 그만큼 절제가 뒤따르지 않는다면 아무런 소용이 없다. 그래서 돈쭐남은 절제를 매우 중요시한다.

돈쭐남은 얼마 전 은행원들을 대상으로 하는 강연에 다녀왔다. 한 여성 참석자가 돈쭐남에게 다가와 질문을 했다. 그녀는 기혼자였고, 부부가 모두 높은 연봉을 받는 은행원인데도 생각보다 돈이 모이질 않아 고민이라고 했다. 은행원으로 입사한 지 15년이 지났지만 내집 마련은커녕 아직도 반전세를 살고 있으며, 초등학생 자녀 1명을 두고 있는데 앞으로 돈이 더 많이 들어갈 것 같아서 걱정이라고 말했다. 덧붙여 그녀는 "도대체 다른 사람들은 어떻게 생활을 하나요?"라는 질문을 했다. 근속 연수가 15년이 넘는 은행원 부부라면 두 사람의 합산 연봉이 적어도 2억 원이 훌쩍 넘을텐데 왜 이런 고민을 하는 걸까? 혹시 초등학생 자녀에게 과하게 돈을 쓰는 걸까? 아니면 양가 부모님에게 큰돈을 드리는 것일까?

그런데 놀랍게도 둘 다 아니었다. 돈쭐남이 그녀에게 보유한 차에 대해 물어보았는데 고가의 외제차 2대를 보유하고 있다고 말했다. 돈쭐남은 대체적으로 차를 보면 사람의 절제 수준을 가늠할 수 있는데, 고가의 외제차 2대를 보유 중이라는 말을 듣고 부부 모두 고연봉자임에도 소비 절제가 되지 않고 있어 제대로 돈 관리가 되지 않을 거라 생각했다. 3인 가구인데 고가의 외제차를 2대나 가지고 있다면 다른 부분에서 돈을 아낄 것이란 기대를 하기 어려운 씀씀이다.

　　자수성가형 부자는 위의 사례와 정반대다. 걸맞지 않은 과소비를 하지 않고 비범한 저축을 한다. 전반적으로 아무리 소득이 높아도 절제가 몸에 배어 있지 않다면 자산은 절대 성장할 수 없다는 사실을 명심해야 한다.

스톤 5: 부자는 꾸준히 공부한다

여기서 말하는 공부란 경제 공부, 주식 공부 같은 재테크 공부를 말하는 게 아니다. 물론 그런 공부가 부자가 되는 데 도움이 되지 않는다는 말은 아니다. 하지만 이런 공부에 사용하는 에너지를 자기 성장과 발전, 그리고 앞서 말한 이직, 훈련, 경험, 학습, 도전에 쓰는 게 훨씬 중요하다. 그러므로 돈쭐남이 말하는 공부란 세상에 대한 공부를 말한다.

경제 흐름을 읽는 공부

〈관상〉이라는 영화가 있는데, 이 영화의 주인공은 조선 제일의 관상가다. 이 관상가는 사람의 얼굴만 보면 그 사람에게 앞날에 닥칠 모든 일을 정확히 맞추지만, 정작 자신의 앞날은 맞추질 못해 유배를 가고 아들이 죽는 비극을 맞이한다. 영화의 맨 마지막 장면에서 관상가가 과거 자신의 잘못된 판단을 후회하면서 하는 말이 있는데 돈쭐남이 생각하기에 이 영화의 가장 명대사 중 하나다.

"난 사람의 얼굴만 봤을 뿐 정작 시대의 모습을 보지는 못했소.
시시각각 변하는 파도만 본 격이지. 그보다는 바람을 봐야 하는데….
파도를 만드는 건 바람인데 말이오."

이 말은 나무보다 숲을 볼 수 있어야 한다는 말과 비슷하다. 우리는 오늘도 시시각각 변하는 파도를 보느라고 중요한 바람을 보지 못하는 것은 아닐까?

개별 자산 종목에 대한 공부보다 경제 환경이 어떻게 변하고 또 그것이 어떤 식으로 세상을 바꾸는지에 대해 아는 것이 중요하다. 예를 들자면 사람들은 경제 공부라고 하면 주식, 아파트 같은 특정 자산의 가격에 집중하는 성향이 있다. 이렇게 종목에만 집중하다 보면 그 종목의 가격을 장기적으로 움직이는 큰 바람의 방향을 놓칠 수 있다는 말이다.

인생은 중요한 결정 2~3번에 크게 좌우되는데, 부자는 이 중요한 결정을 잘한 사람이다. 즉 부자는 숲을 볼 수 있는 안목, 파도를 만드는 바람을 보는 안목을 가지고 있다. 이러한 안목은 부자가 세상을 보는 공부, 언제나 시대의 흐름을 읽는 공부를 했기에 가질 수 있게 된 것이며, 이는 부자가 아닌 사람과의 차이다.

✎ Self Check

○ 다음 중 지난 25년간 가격이 가장 많이 오른 것은 무엇이라고 생각하는가?

① 커피(아메리카노)값   ② 지하철 기본요금   ③ 택시 기본요금

국내에서 에스프레소 커피의 역사가 시작된 시기는 스타벅스가 1호점을 냈던 1999년으로 거슬러 올라간다. 당시 아메리카노 1잔의 가격이 2,500원이었는데, 지금은 2,000원, 즉 80% 인상된 4,500원이다. 서울 지하철 기본요금은 현재 1,400원으로 1999년도 가격인 400원에 비해 1,000원, 즉 250%가 인상되었다. 그러니까 커피값보다 지하철 기본요금이 3배 이상 더 오른 것이다. 그럼 택시 기본요금은 어떨까? 택시 기본요금은 현재 4,800원으로 1999년도 1,300원에 비해 무려 369%가 인상되었다. 즉 가장 많이 오른 종목은 택시 기본요금이다.

어쩌면 의아하게 생각될지도 모른다. 지하철 기본요금이나 택

딱 1억만 모읍시다

시 기본요금은 국민들에게 민감한 부분이고 물가에 큰 영향을 미치므로 언제나 정부가 가격을 규제하고 통제해서 상대적으로 많이 안 올랐을 것이란 선입견이 있기 때문이다. 그에 비해 커피 산업은 가장 대중적인 트렌드이고 지난 25년간 엄청나게 성장한 산업 중 하나이지만, 예상과 달리 이 3가지 종목 중에서 가장 가격 인상률이 낮았다.

가격 인상률이 예상을 뛰어넘은 이유는 무엇일까? 택시나 지하철은 더 이상 경쟁자가 시장에 뛰어들지 못하는 독점 체계이지만 커피 산업에는 지난 25년간 많은 경쟁자가 시장에 진입했다는 환경적 분석을 하지 못했기 때문이다. 종목 분석 이전에 더 중요한 것은 그 종목을 둘러싼 환경의 변화 분석이다. 따라서 종목에 매몰되면 안 된다. 긴 시간 동안 시장 환경이 어떻게 바뀌는지를 보는 보다 큰 시각, 그러니까 거시적인 경제 공부가 필요하다.

10가지 경제지표를 매일 기록하며 경제 흐름을 읽는 경제 공부

경제 흐름을 읽으려면 무엇을 중점적으로 확인해야 할까? 정답은 10가지 경제지표다. 즉 금리, 환율, 주가를 매일 기록하면서 경제를 움직이는 바람의 방향이 어떻게 변하는지 보는 힘을 키우는 게 중요하다. 나무를 보는 것도 중요하지만 10개의 창문으로 숲을 보는 경제 공부를 시작해 보기를 바란다.

10가지 경제지표를 매일 기록하면서 숲을 보는 경제 공부를 하라고 했는데, 그렇다면 어떻게 보고 기록하면 될까? 매일 퇴근 전에 딱 3분만 투자하면 된다. 이 때 중요한 점은 눈으로만 보는 게 아니

- 한국 국고채 3년물금리(한국 기준금리 선행)
- 한국 국고채 10년물금리(한국 기대 인플레이션)
- 미국 국고채 2년물금리(미국 기준금리 선행)
- 미국 국고채 10년물금리(미국 기대 인플레이션)

금리

매일
변동

환율   주가

- 원달러 환율(원화 대비 달러 강세)
- 달러 인덱스(세계 통화 대비 달러 강세)
- 주요국 환율(유로·위안·엔 환율)

- 코스피지수(한국 주가지수)
- S&P500지수(미국 주가지수)
- 나스닥지수(미국 기술주지수)

라 직접 손으로 적어야 한다는 점이다. 만일 매일 이것을 반복한다면 여러분은 자연히 최근 원달러 환율뿐만 아니라 최근의 경제 흐름이 영상으로 보이기 시작할 것이다. 어제 적은 숫자 밑에 오늘 숫자를 적고 또 다시 그 밑에 내일의 숫자를 적다 보면 누가 시키지 않아도 이 지표들의 움직임을 외우게 될 것이다. 이런 간단한 공부를 매일 하다 보면 어느 순간 궁금한 것들이 생긴다. 예를 들면 원달러 환율과 주가가 반대로 움직이는 이유, 금리와 주가가 반비례하는 이유,

또는 장기금리와 단기금리가 같이 움직이는 이유 등이다.

누구나 궁금한 것을 인터넷 검색창이나 유튜브에서 찾을 수 있다. 이렇게 궁금증을 해소해 나가다 보면 평생 절대로 까먹지 않는 진짜 지식이 될 수 있을 것이다. 학창 시절에 공부한 내용은 오직 시험을 보기 위해 궁금하지도 않은 내용을 공부했던 것이라서 지금은 기억하지 못하는 게 대다수다. 하지만 궁금해서 찾아본 내용은 평생의 지식으로 남게 된다.

사업가적인 마인드를 키우는 경제 공부

자수성가형 부자들은 공통적으로 사업가적인 마인드를 지니고 있다. 여러분도 자수성가형 부자를 꿈꾼다면, 사업가적인 마인드를 키우기 위해서 세상에 대한 공부가 필요하다. 예를 들면 재테크 영상 그러니까 어떤 주식 종목이 유망하다든지, 어떤 지역의 아파트값 전망이 좋다든지 하는 영상은 그만 보아도 좋다. 그보다는 어떤 사업에 투입되는 인건비가 얼마이고 어떤 프랜차이즈가 매출 얼마일 때 얼마의 비용이 들고 얼마의 수익이 남는지와 같은 영상을 보는 게 사업가적인 마인드를 갖추는 데 훨씬 도움이 될 수 있을 것이다. 이제부터는 동네 단골 빵집을 방문해서 빵만 사오지 말고 가게를 유심히 관찰해 보자. 사장 외에 정직원은 몇 명이고 아르바이트생은 몇 명이며 그 가게의 매출과 수익 구조는 어떻게 되는지 생각해 보면 재미있을 것이다. 부동산 사이트에 들어가 보면 그 매장의 임대료 수준을 쉽게 알 수 있다. 임대료와 인건비를 제하고 얼마의 수익이 남을지와 같은 것들을 공부하는 게 사업가적인 마인드를 지니고 경영적 사고를 하는 데 큰 도움이 될 수 있다. 이런 공부가 진짜 공부다.

부자를 꿈꾼다면 누구나 미래의 사업가다. 분명한 것은 부자는 본인이 사업체를 운영하지 않아도 언제나 경영적인 마인드를 지니고 있는 사업가며 세상을 넓게 해석하는 세상 공부에 집중한다는 사실이다.

스톤 6:
부자는 언제나 열정적으로 행동한다

6번째 스톤은 여러분이 이미 가지고 있을지도 모른다. 이 책을 여기까지 읽었다면 분명 좀 더 나은 미래의 경제적 안정을 열망하는 사람일 게 분명하기 때문이다. 세상 모든 일에 있어 성공의 시작점은 바로 열정에서 비롯되는데, 많은 사람이 "나도 열정을 가지고 싶지만, 그런 생각과 마음이 생기지 않아"라고 말한다. 만일 지금의 어려움에 적응하고 맞추어 살아가는 게 익숙해진다면 당연히 열정은 생기지 않을 것이다. 어려움에 적응하는 게 아니라 그 어려움을 이겨내려는 몸부림이 있어야 하는데, 그 몸부림이 바로 열정이다.

때로는 열정적인 마음이 내면에서 일어나지 않을 수 있다. 부자도 언제나 열정이 불타오르진 않는다. 그럼에도 부자는 항상 열정적인 태도를 유지하려고 노력하는데, 대체 그 비결은 무엇일까? 일단

딱 1억만 모읍시다

부자는 마음과 상관없이 우선 열정적으로 행동한다. 때로는 열정적인 마음이 행동을 불러일으키는 게 아니라, 열정적인 행동이 열정적인 마음을 불러일으키기도 한다.

"열정적인 사람이 되고 싶다면 먼저 열정적으로 행동하라.
그러면 열정적인 마음이 생길 것이다."

청년일 때는 자본뿐만 아니라 경험과 지식도 부족한 시기다. 그 야말로 어려움이 없을 수 없는, 인생에 장애물이 없을 수 없는 시기란 말이다. 그런데 열정마저 없다면 인생에서 도약하는 시기를 잃어버리는 것과 마찬가지다. 이는 마치 노인과 같다. 노인은 70~80년 넘게 인생의 많은 어려움을 겪는 과정에서 이제는 모든 에너지를 소진하고 자신의 처한 상황에 맞게 순응하며 살아가는 모습을 가지게 되는 경우가 많기 때문이다.

돈쭐남은 가끔 "저는 지금에 만족합니다." "저는 큰 욕심이 없습니다"라는 말을 듣는다. 지금 자신이 가진 것에 대한 만족과 감사는 정말 소중한 것이지만, 자칫하면 이것은 현실의 어려움에 적당히 순응하고 적응해 버린 노인의 마인드와 다를 게 없다. 부자는 나이와 관계없이 열정을 유지하고 있다. 그런 자세를 가져야만 부자가 되는 사람이라는 걸 명심하길 바란다.

어설픈 주식쟁이가 저축쟁이를 절대 이기지 못하는 이유

돈쭐남은 유튜브와 방송에서 2030 젊은이들에게 "절대 주식하지 마라. 주식하면 망한다"라며 극단적인 투자 금지를 설파하는 사람으로 유명하다. 그래서인지 '저축무새' '절약무새'라는 비아냥을 듣기도 한다. 그런데 과연 돈쭐남의 이야기가 무조건 틀린 내용일까?

2021년 1월 1일 유명 월간지 〈신동아〉에 실린 칼럼을 하나 소개하겠다. "새해 투자, 손실 위험? 투자 안 하는 손해 더 크다!"라는 제목의 칼럼으로, 주식에 'ㅈ'자도 모르는 사람조차 새해에는 주식을 해야만 한다는 글이다. 그런데 이 칼럼을 쓴 사람은 다름 아닌 돈쭐

新東亞

경제

새해 투자, 손실 위험? 안 하는 손해 더 크다!

입력 2021.01.01 / **736호**(p300~307)

● 코로나 위기에도 오른 주가, 2021년 전망도 '맑음'
● 위험자산 선호 심리 회복, 경기개선 기대 심리 활활
● '포스트 코로나' 주도할 배터리 관련 주에 주목해야
● 부동산값은 장기적으로 우상향, '내 집 마련'은 언제든 필수
● 신축 9억 이하 아파트 청약, 적극적으로 도전해야

출처: 신동아

남이다. 돈쭐남은 지금과 달리 2021년 초에는 주식 투자를 반드시 해야 한다고 말했다.

 주식 투자 결정은
자신의 소신이 바탕이 되어야 한다

한 기자가 돈쭐남에게 질문했다. "예전과 다르게 최근에는 왜 젊은 이들에게 주식 투자를 하지 말라고 하시는 거예요?" 돈쭐남의 답은 간단했다. "어차피 내가 하지 말라고 해도 할 사람은 할 테니까요." 머니 트레이너로서 돈쭐남이 직장인들에게 아무리 주식 투자를 하지 말라고 해도 각자 스스로의 계획과 판단으로 주식 시장에 뛰어드는 젊은이들이 있다. 그런 사람은 해도 된다. 하지만 '지금 주식을 해

야 하는지, 하지 말아야 하는지'를 돈쭐남의 말 한마디에 결정할 정도로 투자 확신이 없는 사람은 안 하는 게 맞다. 즉 최근 돈쭐남이 주식 투자를 하지 말라는 정확한 의미는, 중요한 투자 결정을 다른 사람의 의견에 따라 내리는 거라면 주식 투자는 절대 하면 안 된다는 의미다.

최근 미국 주식 시장은 사상 최고치를 연일 경신하고 있다. 2022년부터 인플레이션 문제를 해결하기 위해 시행된 긴축적인 통화 정책은 주식 시장을 급랭시키고 2023년 상반기까지 모든 자산의 가격을 곤두박질치도록 만들었다. 하지만 2023년 7월부터 현재까지 미국이 금리 인상을 멈춘 뒤로는 앞으로의 금리 인하 기대감으로 주식 시장은 2021년 가파른 상승을 이어갔다(2024년 9월 9일 기준). 이런 시기에 어설픈 주식 투자자들이 시장에 유입되는데 이는 정말 위험한 일이다.

돈쭐남이 주식 투자를 하지 말라는 이유는 흘려듣는 이야기로 주식 시장에 무작정 뛰어드는 바보를 막기 위해 하는 소리다. 본인이 이런 바보인지 아닌지 정말 신중하게 돌아보길 바란다. 본인이 어설픈 주식쟁이가 아닌지.

2023년 NH투자증권이 국내 주식 거래 고객을 분석한 결과에 따르면, 2023년 연간 개인 투자자들이 가장 많이 순매수한 종목은 POSCO홀딩스로 집계되었다. 에코프로와 에코프로비엠이 각각 2, 3위를 차지했고, LG화학이 4위, 포스코퓨처엠이 5위였다. 이들 모두 2차전지 관련 대형주다. 그 외 6~10위도 LG전자(9위)를 제외하고 모두 2차전지 종목이었다. 물론 2차전지의 성장성이 높다는 것은 누구나 인정하는 대목이다. 하지만 많은 개미 투자자가 자신의 확고한 투자 철학 없이 뇌동매매로 2차전지 종목에 돈을 쏟아 부었다면, 지금 2차전자 종목 주가가 펀더멘털에 의한 정상적인 가격일지, 아니면 과한 거품이 있을 수 있는지는 여러분이 더 잘 알 것이다.

다음은 투자의 신이자 유럽의 워런 버핏이라고 불리우는 투자자 앙드레 코스톨라니Andre Kostolany의 말이다.

"주식 시장에서 바보보다 주식이 많으면 주식을 사야 할 때고,

주식보다 바보가 많으면 주식을 팔아야 할 때다."

주식 시장에서의 수요와 공급을 설명하면서 한 말이지만, 사실 지금과 같이 주가가 사상 최고치를 기록 중일 때 잘 새겨들어야 할 명언이 아닌가 싶다.

 부자는 철저하게 전략적으로 자산을 배분해서 투자한다

앞에서도 언급했지만 자수성가형 부자들은 자신의 전체 자산 중 일부만 위험자산으로 전략적 자산 배분해서 투자한다. 다시 말해 안전자산과 위험자산의 비율을 우선 나누고 난 다음 투자한다는 것이다.

그러면 예적금 같은 안전자산에도 투자를 하다 보니 부자들이 가지는 주식 투자의 기대 수익률이 그만큼 낮아지고, 부자들 스스로도 단기간 내에 아주 드라마틱한 수익률을 기대하지 않게 된다. 그뿐만 아니라 좀 더 긴 호흡과 안목으로 매수와 매도 타이밍을 잡는다. 설사 단기적인 손실이 발생해도 예금자보호가 되는 예금이나 변동성이 적은 채권에서 어느 정도 손실을 복구할 수 있다.

  하지만 반대로 하루라도 빨리 1억 원을 모으겠다는 욕심에 주식에 2,000~3,000만 원씩 투자하게 되면, 자연히 주식 투자에 대한 기대 수익률은 높아지고 작은 변동에도 멘털이 흔들리며 단기적인 시장의 움직임에 일희일비하게 되어 장기 투자가 힘들어진다.

어설픈 주식쟁이가 되는 이유: 5단계 마음 변화(부아바불공)

그럼에도 주식에 투자하는 이유는 주식 투자가 참으로 매력적이기 때문이다. 자본주의의 꽃이라고 하는 주식 시장에서 돈을 넣다 뺐다 하면 투자 성과를 바로바로 눈으로 볼 수 있어 짜릿한 성취감과 재미도 얻을 수 있다.

  돈쭐남이 많은 직장인을 만나 이야기를 나누어 보니 그들이 주식 투자에 뛰어드는 첫 번째 이유는 주위의 성공담, 무용담을 듣고 자신도 그와 같은 투자 성과를 낼 수 있다는 근거 없는 확신 때문이

딱 1억만 모읍시다

었다. 주변의 투자 성공 무용담을 들으면 다음과 같은 마음의 변화 과정을 거친다. 일명 '부아바불공'이다. 이 말은 돈쭐남이 직장인이 소신 없이 무용담만으로 주식 투자에 뛰어들게 되는 과정을 보며 만든 말인데, 내용은 다음과 같다.

누구나 주위에서 투자에 성공했다는 이야기를 들으면 '부'럽고 (1단계) 또 배가 '아'프다(2단계). 하지만 여기서 멈추지 않고 투자하지 않는 나만 '바'보가 된 거 같은 기분이 든다(3단계). 그리고 이내 그 마음은 '불'안감으로 바뀐다. 이는 자신만 뒤처진다는 생각에 불안감을 느끼는 포모FOMO, Fear Of Missing Out다(4단계). 그 다음은 '공'포감으로 바뀌는데, 공포감이 가득한 상황에서는 합리적인 판단은 전혀 불가능하다(5단계).

2021년 미친듯이 오르는 아파트값에 너도나도 영끌해서 매수한 사람의 상당수인 2030도 '부아바불공'의 심리 단계를 거쳐 투자 열풍에 합류했다. 불안이 공포까지 이르게 되면서 앞으로 영원히 집을 살 수 없을 것이란 공포심에 가격이 오를 대로 오른 집을 추격 매수한 것이다. 지금 시점에서 7년 내리 상승한 꼭대기의 가격으로 그렇게 많은 대출을 받아 아파트를 매수하는 게 이해가 안 된다고 말하는 사람도 있겠지만, 공포감이 몸을 감싸고 있는 순간 눈은 멀어지고 아무것도 보이지 않게 된다. 따라서 지금 투자를 해야 할 때인지 하지 말아야 할 때인지 스스로 판단이 서지 않는다면 주식 시장에 아예 접근하지 않는 게 맞다.

과거와 다르게 비합리적으로 결정되는 주가

현재의 주식 시장은 과거처럼 펀더멘털만으로 예측할 수 있는 시장이 아니다. 주가 결정이 지금의 EPS^{Earning Per Share, 주당 순이익}나 BPS^{Bookvalue Per Share, 주당 순자산가치}보다는 앞으로의 기대감에 과도하게 지배되고 있기 때문에, 더 이상 EPS나 BPS의 움직임 따위는 중요하지 않다.

사실 주가는 기업가치에 수렴하는 모습을 보여야 하는 게 맞다. 2008년 이전에는 다음 그림처럼 기업의 주가가 그 기업의 펀더멘털에서 크게 벗어나지 않았다. 즉 주가는 그 기업의 EPS의 증가율이나 혹은 BPS의 상승률과 상승폭을 같이해 온 것이다.

하지만 2008년 금융위기 이후 10년 이상 초저금리 시대가 지속되면서 돈의 가치가 떨어졌다. 낮은 금리로 남의 돈을 쉽게 빌려서, 즉 은행대출을 받아 주식도 사고 집도 사고 차도 산다. 심지어 남의 돈을 빌려서 소비하는 사람도 늘어났다. 이처럼 '남의 돈이 우습게 여겨지는 세상'이 되었다. 이런 세월이 오래 계속되다 보니 최근에는 금리가 그 전에 비해 많이 올라갔음에도 생각 외로 자산 시장은 거품이 빠지지 않고 여전히 과도한 미래 기대감으로만 움직이고 있다. 즉 여전히 예측 자체가 어려운 시장이다. 2008년 이전과 비교했을 때 가격과 가치의 괴리가 너무나 커졌다. 다시 한번 강조하지만, 더 이상 주가는 펀더멘털에 수렴하지 않는다. 돈쭐남은 이런 자산 시장을 보고 '미쳤다'라는 표현밖에 나오지 않았다.

딱 1억만 모읍시다

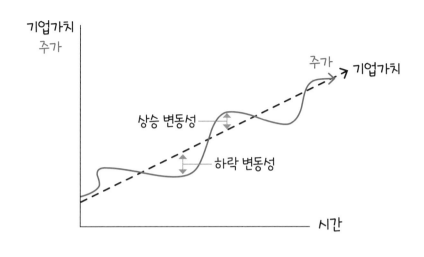

◇ 주가가 기업가치에 수렴하던 가치주의 시대 ◇

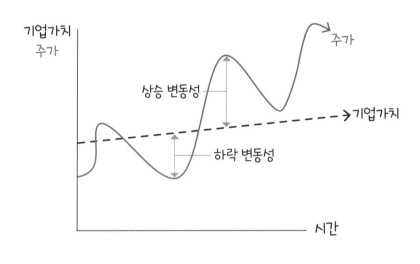

◇ 주가가 기업가치에 수렴하지 않는 성장주의 시대 ◇

만일 여러분이 최근에 주식 투자 결과가 좋았다면 여러분이 무언가 잘 분석하고 공부해서 나온 결과가 아니다. 반대로 여러분의 주식 투자 수익률이 마이너스라고 해도 여러분이 잘못한 게 아니다. 오늘날의 주가 변동성은 예측 가능한 수준을 이미 넘어섰다고 볼 수 있다.

지금의 주가 결정이 얼마나 비합리적인지는 다음 종목의 주식 차트를 보아도 알 수 있다. 안랩의 주가는 10년간 우상향하거나 우하향하는 모습 없이 일정했는데, 2017년과 2022년 대선 즈음에 갑자기 주가가 폭등하는 기현상이 발생했다. 당시 이 기업의 가치가 하루아침에 폭발적으로 성장할 수 있는 소식이 전해졌던 게 아니라, 이 기업의 대주주가 대통령 선거에 출마할 가능성이 있다는 뉴스가 전해진 뒤 발생한 일이다. 이 기업 대주주의 대통령 선거 출마 가능성과 이 기업의 주가와는 도대체 무슨 관련이 있는 것일까? 설사 이 기

◇ 기업가치가 아닌 기대감만으로 폭등한 안랩 주가 ◇

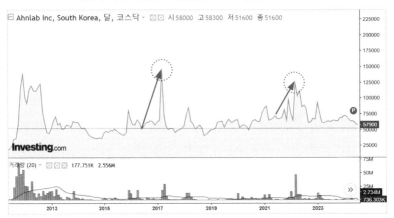

출처: 인베스팅닷컴

딱 1억만 모읍시다

업의 대주주가 대통령이 되었다고 해도 이 기업의 이익이 갑자기 몇 배씩 성장할 수 있을까? 그냥 막연한 기대감만으로 기업가치와 상관없이 주가가 비합리적으로 상승한 대표적인 사례다.

사상 최고가 경신= 사상 최고의 위험 구간 진입

이유야 무엇이 되었든 주가 폭등으로 주식 투자 열풍이 불든 말든 위험자산에 돈을 넣는 일은 멀리하고 저축만 고집하는 저축쟁이들도 있다. '주식 시장이 활황일 때 저축할 돈을 주식에 투자했다면 어땠을까?' 하는 생각이 드는 것도 사실이다. 하지만 앞서 말했듯이 오늘날 주식 시장의 변동성은 절대 예측 가능한 수준이 아니다. 자산이 2~3억 원 이상이라면 무조건 저축에만 집중하는 것보다 위험자산에 분산 투자하는 것도 어느 정도 필요하다. 하지만 돈쭐남은 아직 자본소득으로 가는 첫 번째 허들인 1억 원도 모으지 못했다면 어설픈 주식 투자는 화를 부를 수 있다는 사실을 다시 한번 강조한다. 특히나 지금과 같은 상황에서는 더욱 그렇다. 주가가 사상 최고가라는 의미는 사상 최고로 위험한 구간에 진입한 것일 수 있다는 뜻이기 때문이다.

투자란 10년 후의 열매를 생각하며 여윳돈으로 사과나무를 심는 것과 같은 것이다. 단기간 내에 수익을 보고자 주변의 이야기만 듣고 주식에 투자하는 것은, 돈쭐남의 생각에는 쉽게 돈을 벌려는 욕심에 불과한 투기일 뿐이다.

주식 시장에서 돈을 잃지 않고 좋은 성과를 꾸준히 내는 부자들의 투자 전략을 정리하면서 이 챕터를 마무리하겠다.

자수성가형 부자들의 이기는 투자 전략

- 첫째, 전략적 자산 배분을 먼저 한다. 안전자산과의 비율을 먼저 수립한다.
- 둘째, 주식 투자에 대한 기대 수익률이 낮다. 주로 여윳돈으로 투자한다.
- 셋째, 현금 보유도 투자 종목으로 생각한다. 투자를 쉬는 것도 투자라고 생각한다.
- 넷째, 가격이 낮아지는 종목에 관심을 둔다. 비싸지는 주식을 추격 매수하지 않는다.

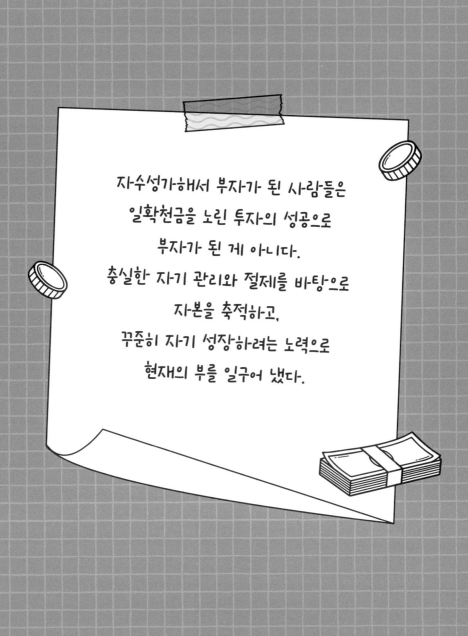

자수성가해서 부자가 된 사람들은
일확천금을 노린 투자의 성공으로
부자가 된 게 아니다.
충실한 자기 관리와 절제를 바탕으로
자본을 축적하고,
꾸준히 자기 성장하려는 노력으로
현재의 부를 일구어 냈다.

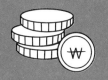

CHAPTER 5

1억 원을
10억 원으로 만드는
가장 빠른 방법

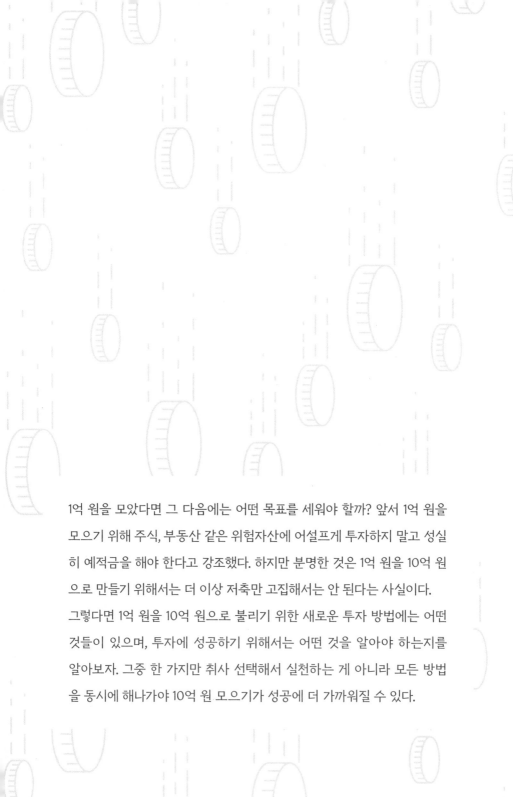

1억 원을 모았다면 그 다음에는 어떤 목표를 세워야 할까? 앞서 1억 원을 모으기 위해 주식, 부동산 같은 위험자산에 어설프게 투자하지 말고 성실히 예적금을 해야 한다고 강조했다. 하지만 분명한 것은 1억 원을 10억 원으로 만들기 위해서는 더 이상 저축만 고집해서는 안 된다는 사실이다.

그렇다면 1억 원을 10억 원으로 불리기 위한 새로운 투자 방법에는 어떤 것들이 있으며, 투자에 성공하기 위해서는 어떤 것을 알아야 하는지를 알아보자. 그중 한 가지만 취사 선택해서 실천하는 게 아니라 모든 방법을 동시에 해나가야 10억 원 모으기가 성공에 더 가까워질 수 있다.

10억 원을 모으는 방법은
좀 더 다양하다

앞서 여러 차례 언급한 대로 1억 원이라는 허들을 넘어선 사람은 자본뿐만 아니라 자기 관리 능력과 저축 근력, 그리고 할 수 있다는 자신감까지 가지게 된다. 이는 경제적으로 한 단계 더 도약할 수 있도록 하는 가장 중요한 밑천이 된다.

1억 원을 다 모았다면 그 다음 단계는 10억 원 모으기다. 물론 10억 원을 모으기까지 달성해야 할 여러 세부 목표를 세우겠지만, 큰 목표를 말하자면 그렇다. 그렇다면 1억 원을 모으면서 얻은 것들을 바탕으로 어떻게 해야 빠르게 10억 원을 모을 수 있을까?

내 집 마련을 위한
계획을 세우고 실천해야 한다

지난 50년간 재테크 시장의 양대산맥은 역시 주식과 부동산(아파트)이다. 이 두 자산은 가장 큰 차이점이 있다. 바로 리스크다. 리스크는 '위험'이란 말보다는 '변동성'으로 해석하는 편이 맞는데, 모든 투자자의 평균 수익률에서 변동 폭의 크기를 나타내는 표준편차라고도 말할 수 있다. 주식 투자는 표준편차가 크고 부동산 투자는 표준편차가 작다. 그 말은 주식은 성공하는 자와 실패하는 자의 투자 수익률 차이가 크고 부동산은 매수자들 간의 투자 수익률 차이가 주식만큼 크지 않다는 의미다. 정리하면, 주식은 투자에 성공하는 자와 실패하는 자의 수익률 차이가 크고 부동산은 투자에 성공하는 자와 실패하는 자의 수익률 차이가 적다는 말로 해석할 수 있다.

그렇다면 당연히 '표준편차가 적은 자산에 투자해야 하는 게 아닐까?'라는 생각이 들지만 부동산 투자는 하고 싶어도 쉽게 할 수 있는 게 아니다. 부동산 매수는 반드시 일정 수준 이상의 자본이 있어야만 가능한 진입 장벽이 있는 투자 방식이다. 반면 주식 투자는 단돈 10만 원만 있어도 할 수 있다는 게 특징이다. 따라서 종잣돈 1억 원을 모은 사람은 주식 투자 외에도 주식 투자보다 좀 더 표준편차가 적은, 즉 리스크가 적은 안전한 부동산 투자에도 도전할 수 있다.

딱 1억만 모읍시다

1억 원으로도 충분히 가능한 아파트 매수

"요즘 아파트값에 조정이 있었다고 하지만 어떻게 1억 원으로 아파트를 산다는 말이죠?" 하고 반문할 수 있다. 물론 1억 원짜리 아파트는 없다. 하지만 아파트 청약 프로세스에 답이 있다. 청약 추첨으로 미리 분양권을 확보하고, 집을 짓는 동안 중도금을 내면서 기다린 후, 완공 뒤에 잔금을 치르는 게 청약 당첨 후 아파트 매수 과정이다. 분양권이란 지금 당장은 아니지만 곧 지어질 미래의 집을 확보하는 일로, 1억 원만 있어도 분양권을 확보할 수 있다. 그리고 그 집에 바로 입주하지 않더라도 (여러 제약이 있긴 하지만) 다시 되팔거나 임대할 수 있기 때문에 아주 적은 자본으로도 아파트를 소유할 수 있다.

분양가 5억 원 아파트 청약에 당첨되었다고 가정해 자세히 설명해 보겠다.

◇ 분양가 5억 원 아파트 청약 당첨 시 필요한 금액 ◇

※ 조정 대상 지역 기준

계약금	중도금(2년 6개월)						잔금
20%	10%	10%	10%	10%	10%	10%	20%
1억 원	5,000만 원	5,000만 원	5,000만 원	5,000만 원	5,000만 원	5,000만 원	1억 원

□ 자납　□ 대출 가능

계약금은 보통 분양가의 10~20%이므로 20%라고 가정했을 때 계약금으로 1억 원을 납부해야 한다. 중도금은 아파트가 지어지는 동안 공사비를 마련하기 위해 청약 당첨자들에게 거두어들이는 돈이다. 최근에는 대출이 쉬워졌지만 정책은 언제 변할지 모르니 과거 대출 규제가 있었던 시기의 조건으로 말한다면, 조정 대상 지역은 분양가의 50%까지만 대출이 허용된다. 즉 분양가가 5억 원이라면 2억 5,000만 원까지만 대출이 가능하다. 중도금은 보통 5~6개월에 한 번씩 분양가의 10%를 납부하기 때문에, 5회 차 중도금까지는 은행대출로 납부할 수 있다.

하지만 마지막 1회 차 중도금은 본인의 돈으로 납부해야 한다. 이것이 어쩌면 내 집 마련의 첫 번째 난관일 수 있다. 가지고 있던 1억 원을 몽땅 계약금으로 납부한 상황에서 2년 6개월 후에 또 5,000만 원이라는 목돈을 내 돈으로 납부해야 한다. 그런데 생각해 보면 1억 원을 모아본 사람에게는 그동안 길러온 저축 근력이 있기 때문에 30개월 동안 5,000만 원 정도는 충분히 모을 수 있지 않을까? 세전 이자율 연 4%짜리 적금에 가입해 30개월간 5,000만 원을 모으려면 월 160만 원씩 저축해야 한다. 이 정도의 저축은 1억 원 모으기에 성공한 사람이라면 어렵지 않은 미션이다. 설사 여러 이유로 5,000만 원을 모으지 못해서 마지막 회차 중도금을 연체한다고 해도 큰 문제는 없다. 보통 중도금은 3회 이상 연체를 하지 않는 이상 연체료만 납부한다면 청약 당첨 자격을 박탈하지는 않는 경우가 대부분이기 때문이다.

어쨌든 6회 차 중도금 5,000만 원을 납부하고 나면 마지막으로 잔금을 치러야 하는데, 여기서 또다시 난관에 부딪힐 수 있다. 하지

딱 1억만 모읍시다

만 1억 원 모으기를 달성해 본 사람에게는 이 또한 큰 문제가 되지 않는다. 잔금을 치르는 시기에는 아파트가 완공되어 실물이 존재하는 시기이므로, 은행이 분양가가 아닌 주변 시세의 60~70% 금액을 대출해 준다. 보통 분양가가 주변 시세보다 낮다는 사실을 감안하면 어지간하면 대출받아 잔금을 치를 수 있다. 많은 사람이 중도금대출을 받으면 입주 의무가 있다고 알고 있는데, 분양가 상한제가 적용되는 아파트가 아니라면 전세를 놓아도 상관없다. 정리하면 수도권이나 광역시의 신축 아파트의 평균 전세가는 매매가의 70% 수준이므로, 분양받은 아파트가 주변 시세보다 싸지만 않다면 1억 5,000만 원으로 충분히 등기를 칠 수 있다는 결론이 나온다.

주식과 아파트의 가장 큰 차이점은 주식은 사용가치가 없고 오로지 투자가치만 있다는 점이다. 하지만 아파트는 사용가치와 투자가치가 동시에 있다. 앞서 살펴보았듯이 당장 5억 원짜리 자산에 투자한다 했을 때 주식은 5억 원 전부를 투자해야 하지만, 아파트는 단 1억 5,000만 원으로 투자가 가능하다. 만일 내가 투자한 아파트에 거주한다고 해도 마찬가지다. 그 아파트와 동일한 가격의 다른 아파트에 거주하더라도 전세가 3억 5,000만 원은 어차피 필요한 돈이므로 실제로 내가 투자한 돈은 5억 원이 아닌 1억 5,000만 원뿐인 셈이다. 더 놀라운 사실은 만약 5억 원 중 30%만 투자했는데 아파트값이 1억 원 올랐다면, 그 수익(1억 원)의 30%만 내 것이 되는 것도 아니다. 1억 원 전부가 내 수익이 된다. 이러한 이유로 1억 원을 모았다면 그 다음 목표인 10억 원 모으기를 위해 가장 먼저 해야 할 것 일이 내 집 마련인 것이다.

전략적 자산 배분으로 중장기 투자를 해야 한다

앞서 언급한 대로 종목에 따른 분산 투자보다 더 중요한 것이 전략적 자산 배분에 의한 진정한 분산 투자다. 여러 주식 종목을 분산 투자 하는 게 아닌 주식과 같은 위험자산과 예금과 같은 안전자산과의 분산 투자를 해야만 단기 투자보다 중장기 투자가 가능해지고, 수익률을 높일 수 있기 때문이다.

전략적인 자산 배분은 1억 원만 있다면 개인의 위험 감수 성향에 따라서 가능하다. 이 때 우리가 생각해야 하는 것은 위험도가 0인 예금과 달리 주식은 기대 수익률이 높을수록 변동성이 높아지기 때문에 위험도가 어느 정도 있다는 사실이다. 예를 들면 주식에 투자하는 사람이 주식 투자 수익률로 예금 이자율 연 4%보다 높은 수준인 연 10% 수익률을 기대한다면, 연 10% 수익률을 추구하는 대가로 원금 손실 가능성도 부담해야 한다는 사실이다. 투자에서는 위험 수준을 올릴수록 높은 수익률이 가능하다는 의미로 우리가 잘 알고 있는 '하이 리스크 하이 리턴High Risk, High Return'이란 말이 있다. 하지만 엄밀히 말하자면 이 말은 하이 리스크가 하이 리턴의 확률을 조금 높인다는

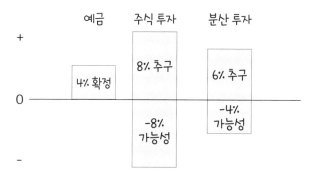

◇ 예금과 주식 투자의 장점은 취하고 단점을 보완하는 분산 투자 ◇

의미다. 이 때 주식 투자의 변동성에 따른 손실을 헤지할 수 있는 게 바로 안전자산인 예금이다. 정리하자면 전략적 자산 배분에 따른 분산 투자는 고위험·고수익의 단점과 저위험·저수익의 단점을 보완한 중위험·중수익을 추구할 수 있게 된다.

그렇다면 1억 원을 모은 뒤 어떻게 자산을 배분해서 투자하면 될까? 돈쭐남은 투자 성향별로 다음과 같이 전략적 자산 배분을 권한다.

투자 성향별 1억 원의 전략적 자산 배분
- 위험 회피형: 예금 9,000만 원 + 주식 1,000만 원
- 위험 중립형: 예금 7,000만 원 + 주식 3,000만 원
- 위험 선호형: 예금 5,000만 원 + 주식 5,000만 원

1억 원 중 5,000~9,000만 원은 예금으로 계속 불리면서 1,000~5,000만 원은 투자 성향에 따라 좀 더 공격적인 투자를 하도록 자산을 배분한다. 위험자산에 투자한 금액에서 손실이 생기더라도 예금이 어느 정도는 상쇄해 주기 때문이다.

다시 한번 강조하지만, 1억 원을 채 모으기 전에 주식 투자에 뛰어든다면 절대로 중장기 투자를 하기 어려워진다. 주가가 떨어지면 초조해져서 올바른 매도 타이밍을 못 잡고 좋은 주식을 너무 빨리 팔아버리는 실수를 할 수 있다. 물론 주가는 아무도 예측할 수 없기 때문에 소위 좋은 주식의 주가가 나중에 무조건 오른다는 보장은 없지만, 분명한 사실은 충분한 자본이 없는 사람들은 떨어지는 주가와 주식 잔고의 파란색 불을 버티지 못해서 올바른 투자 판단을 하기 힘들다.

성장형 N잡으로 추가 소득을 만들어야 한다

오늘날은 재능과 특기가 창업이 되는 세상으로 성장형 N잡으로 고소득을 달성할 수 있다. N잡에는 단순히 짜투리 시간과 돈을 맞바꾸는 시간제 알바도 있지만 추가 소득뿐만 아니라 자기계발 목적이 있는 성장형 N잡도 있다. 성장형 N잡은 자신만의 비즈니스로 발전시켜 보겠다는 의도가 있어, 전직을 염두한다는 점에서 시간제 알바와

딱 1억만 모읍시다

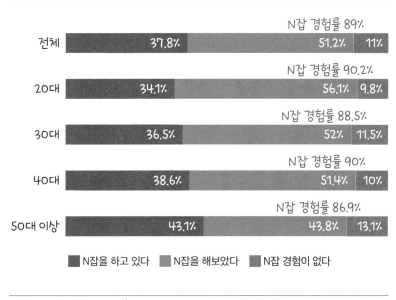

◇ 직장인의 N잡 경험율 ◇

N잡 경험률 89%
전체 | 37.8% | 51.2% | 11%

N잡 경험률 90.2%
20대 | 34.1% | 56.1% | 9.8%

N잡 경험률 88.5%
30대 | 36.5% | 52% | 11.5%

N잡 경험률 90%
40대 | 38.6% | 51.4% | 10%

N잡 경험률 86.9%
50대 이상 | 43.1% | 43.8% | 13.1%

■ N잡을 하고 있다   ■ N잡을 해보았다   ■ N잡 경험이 없다

출처: 잡코리아, 알바몬

는 다르다.

취업 플랫폼 잡코리아와 알바몬이 함께 실시한 조사에 따르면, 조사에 참여한 직장인 982명 중 89%가 본업과 병행해 N잡을 해본 경험이 있다고 한다. 조사에 따르면 연령대가 높아질수록 N잡 경험률이 높았는데, 이는 은퇴 시기에 가까워질수록 미래소득의 확보 및 자본소득으로 나아가기 위한 움직임에 더 적극적이라는 것을 알 수 있다.

가장 인기 있는 N잡은 적은 자본으로 누구나 도전할 수 있는 온라인 커머스 운영이다. 자신만의 독특한 상품을 오프라인이 아닌 온라인에서 독점적으로 판매하면 상품의 트렌드가 빠르게 바뀌더라도 판매 플랫폼을 자유자재로 바꿀 수도 있고, 사업체 운영 시 고정비가 적게 들기 때문에 저자본 창업으로 인기가 있다. 또한 직장생활을 하면서 쉐어 하우스를 운영하거나 숙박 공유 플랫폼 에어비앤비^{Airbnb}를 활용한 공유 숙박 운영으로 돈을 버는 직장인들도 있다. 전 세계 모든 사람을 하나로 연결할 수 있는 세상에서는 온라인에서 판매가 불가능한 상품은 없다.

N잡의 무대가 온라인에만 있는 것은 아니다. 낮에는 직장인, 저녁에는 오프라인 매장 사장님으로 변신하는 사람도 있다.

> 이정빈(가명, 38세) 씨는 얼마 전 아주 작은 가게를 얻어서 24시간 운영이 가능한 무인 반찬 가게를 창업했다. 1년을 넘게 고민하고 준비해서 창업했는데 가게를 운영해 보니 직장생활과 병행할 수 있다는 점에서 굉장히 큰 이점이 있다고 한다.
>
> 처음에는 자녀를 낳으면 더 큰 아파트로 옮길 심산에 돈을 모으기 시작했는데 모은 돈이 1억 원을 넘어서면서 이렇게 큰돈을 깔고 앉아 있기가 싫었다고 한다. 그래서 자본을 활용해 돈을 벌 수 있는 일이 무엇일지 고민하다가 가까이 계시는 어머니가 만드는 반찬을 팔아보자는 단순한 생각으로 창업했다.
>
> 물론 창업하는 데 비용이 1억 원 이상 들었지만 보증금과 같이 추후 환수가 가능한 자본을 빼면 실제 투자금은 인테리어와 냉장고, 키오스크 시스템, 보안 장비들을 전부해서 약 5,000만 원 정도다.

현재 무인 가게 월 수익은 600만 원 정도로, 그녀와 남편이 각각 직장에서 받는 월 소득 700만 원가량을 합하면 월 소득 1,300만 원을 버는 고소득자가 되었다. 물론 앞서 설명한 대로 사업 소득 전부를 순수익으로 볼 수 없다. 하지만 그녀는 사업 소득의 일부를 적립해서 추후 발생할 수 있는 매출 감소나 변동성에 대비 중이며 사업이 조금 더 안정되면 무인 가게의 장점을 활용해 현재 2호점 오픈도 계획하고 있다.

그녀는 직장생활을 겸하며 남는 짜투리 시간과 에너지, 그리고 자본금 1억 원에 반짝이는 아이디어를 더해 새로운 사업을 시작한 아주 우수한 사례다. 이처럼 경험과 아이디어에 1억 원이라는 자본이 합쳐지면 얼마든지 성장형 N잡으로 고소득의 세계를 열 수 있다.

앞으로의 30년을 주도할
메가 트렌드를 알아야 한다

18세기 후반에 시작된 1차 산업혁명, 19세기 말에 시작된 2차 산업혁명, 20세기 중반에 시작된 3차 산업혁명 같은 3번의 산업혁명과, 앞으로 본격화될 AI와 로봇 기술을 기반으로 한 4차 산업혁명의 가장 큰 차이점은 AI와 로봇이 인간의 삶을 좀 더 편리하게 해줄 수 있겠지만 인간의 일자리를 위협할 수 있는 기술이라는 점이다. 어쩌면 기술이 인간의 경제활동에 침략자 역할을 하는 게 아닌가 하는 우려가 커지는 대목이다.

현재 거시 경제지표는 상승과 하락을 반복하지만 여전히 경제는 저성장에 갇혀 있고 통화 정책은 갈팡질팡하며 경기는 하락하는데, 물가는 여전히 높은 기현상이 발생하면서 자산 시장의 변동성은 사상 최고치다.

　우리 앞에 펼쳐질 미래는 어떤 모습일까? 우리가 미래를 준비하기 위해서는 시시각각 변화하는 파도의 모습을 보는 것도 중요하지만 더 중요한 것은 그 파도를 만드는 바람의 방향을 읽어내는 것이라 말했다. 이제부터 돈쭐남이 생각하는 미래를 주도할 메가 트렌드를 소개하겠다.

 ## 경기는 안 좋은데
고물가가 계속되는 스태그플레이션

최근 엄청나게 치솟았던 가상화폐 대장주 비트코인 가격이 하락해 올 5월에 6만 1,000달러선이 붕괴되었는데, 그 원인으로 스태그플레이션Stagflation 우려가 대두되었다. 비트코인은 현금 흐름이 없는 것이므로 자산이라기보다는 상품이라고 보아야 한다. 일반적인 자산에는 내재가치를 알 수 있는 펀더멘털이 있다면 가상화폐는 실체가 없기 때문에 기대감에 의해서만 움직이는 상품이므로 당연히 금리와 역의 관계다. 즉 금리가 낮아지면 가격이 상승하고, 반대로 금리가 높아지면 가격이 낮아지는 것이다. 2022년부터 상승한 금리가 2024년 말에는 인하될 것이란 기대감으로 일찍부터 미국 주식과 비트코인의 가격을 무섭게 상승시켰다. 하지만 금리 인하의 기대감에 찬물을 끼얹는 일이 발생했는데, 그것이 바로 스태그플레이션이다.

스태그플레이션의 반복이 예상되는 이유

스태그플레이션은 경기가 불황임에도 물가는 계속 오르는 현상을 말한다. 스태그플레이션의 원인은 무엇이고 이것이 왜 미래에 트렌드가 될 가능성이 높을까?

경기는 순환한다. 그림처럼 경기 침체에 들어서면 경기를 부양하기 위해 완화적인 통화 정책 즉, 금리 인하 정책을 펼친다. 이렇게 낮아진 금리는 시장의 유동성을 늘려서 경기가 회복하게 된다. 반대로 경기가 활황이면 긴축적인 통화 정책, 즉 금리 인상 정책을 펼쳐

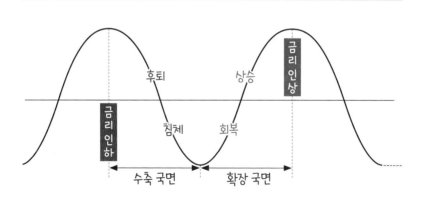

◇ 일반적인 경기 순환 사이클 ◇

딱 1억만 모읍시다

서 인플레이션의 위험을 막는다.

그런데 이런 공식이 지금은 전혀 들어맞지 않고 있다. 미국만 보더라도 그렇다. 미국의 경우 소비자물가지수가 전년 동월 대비 상승률이 2022년 7월 9%까지 치솟았는데 2024년 8월 기준 전년 동월 대비 상승률이 2.9%대로 내려왔다. 보통 물가가 안정될 때는 경기를 나타내는 지표인 소비지표나 실업률이 낮아지는데 이 지표들이 여전히 높게 유지되고 있다. 더 이상 경기와 물가가 정비례로 동행하지 않는 것이다. 반대로 우리나라는 경기는 불황이지만 미국과의 기준금리 차이를 고려하는 등 여러 이유로 금리를 낮출 수 없다.

이런 고물가와 고금리가 동시에 오게 되는 스태그플레이션의 근본 원인을 러시아-우크라이나 전쟁이나 공급망의 문제로만 탓하기에는 그 이유가 설명되지 않는 게 많다. 그와 더불어 미중 갈등에 의한 자유무역 분위기의 후퇴가 지금의 만성적인 고물가의 원인으로 지목되고 있는데 이것은 단기간 내에 해결되기 어려울 것으로 보인다.

따라서 경기가 상승하면 당연히 고물가, 경기가 하락해도 여전히 고물가인 스태그플레이션이 자주 반복될 가능성이 높아졌다는 전망이 우세하다. 그리고 스태그플레이션은 경기가 불황임에도 물가는 오르는, 즉 높은 인플레이션이 동시에 나타나는 경제 상태인 만큼, 스태그플레이션의 잦은 반복은 인플레이션이 쉽게 해소되지 않고 자주 반복될 수 있다는 의미와 어느 정도 일치하는 말이다.

인플레이션이 반복되는 과정

자본주의는 인플레이션의 역사라고 해도 과언이 아닐 정도로 인플레이션은 지속적으로 발생해 왔다. 인플레이션은 다음의 3가지 과정을 반복한다.

자산 인플레이션이란 2020~2021년에 경험했던 주식과 부동산의 폭발적인 가격 상승을 말한다. 물론 이 인플레이션은 지금은 많이 완화된 상태다. 하지만 이내 이 현상은 가격 인플레이션을 일으킨다. 가격 인플레이션이란 재화나 서비스의 가격이 계속 오르는 현상을 말한다. 최근 물가는 매일 점심을 먹으러 나가야 하는 직장인도, 매일 가족을 위한 식사를 준비해야 하는 가정주부도 부담되는 고물가다. 흔히 이런 고물가는 임금 상승 요구로 이어져서 임금이 인상되는데, 이것은 임금 인플레이션이다. 그런데 물가가 올라 자산과 재화,

◇ 반복되는 인플레이션 ◇

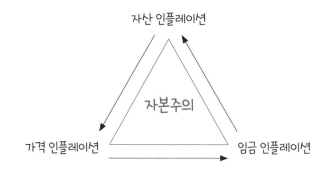

딱 1억만 모읍시다

서비스에 먼저 영향을 준 뒤에 뒤늦게 인금 인상에 반영되므로 실질적인 임금 상승은 미미한 경우가 많아 임금이 올라도 구매력이 그만큼 증가하지는 못하는 경우가 많다. 즉 실질 임금은 오르지 못할 수도 있다는 것이다. 또 이렇게 높아진 임금은 시간이 지난 후 자산 가격에 반영되는데 그때가 마침 초저금리 상황이면 또 다시 자산 인플레이션의 원인이 되기도 한다. 이렇게 인플레이션은 자산 인플레이션→가격 인플레이션→임금 인플레이션이 계속 반복되는 과정이다.

스태그플레이션을 이기는 방법

이런 반복되는 인플레이션을 이기는, 즉 만성적인 고물가가 자주 반복되는 스태그플레이션을 이기기 위해서는 어떻게 해야 할까?

가장 중요한 것은 역시 소득을 상승시켜야 한다. 그리고 그에 못지않게 소득을 벌어들이는 기간을 늘려야 한다. 소득을 벌어들이는 기간이 늘어난다면 그만큼 여가생활로 보내는 시간이 자연스레 줄어서 여가생활비와 같은 소비 항목이 줄고 고물가를 방어할 수 있는 밑바탕이 된다. 따라서 가격 인플레이션을 방어하는 가장 좋은 수단은 현직에서 물러나는 은퇴 이후에도 사회활동을 계속 연장하는 것이다.

아울러 때마다 반복되는 자산 인플레이션을 방어하기 위해서는 아파트 1채는 반드시 보유해야 한다. 대한민국에서 발생하는 인플레이션을 가장 안정적으로 방어하는 방법이 바로 아파트 보유이기 때문이다. 최근 아파트와 비아파트의 양극화가 심화되고 있는데, 그 이유는 최근 사회적으로 문제가 된 전세 사기나 보증금 미반환 위험 때문이다. 좀 더 자세히 설명하자면 최근 연립주택, 빌라, 다가구주택과 같은 비아파트는 전세금 미반환에 대한 우려로 매매가와 전세가가 동반 하락하고 있고, 부동산 시장에서도 매매든 전세든 대출을 받더라도 아파트로만 가려는 쏠림 현상이 가속화되고 있는데, 이것이 결국 아파트와 비아파트와의 양극화를 가속화하고 있다. 그래서 아파트 1채를 보유했다는 그 자체로 부자가 된다는 뜻은 아니지만 인플레이션을 어느 정도 방어하는 데는 효과적일 수 있다.

미국의 급격한 금리 인상으로 예상되는 초저성장 경제

전 세계의 경제 성장률은 2000년대 들어와 꾸준히 낮아지는 추세다. 물론 우리나라도 마찬가지다.

현재 전 세계의 통화 정책에 가장 큰 영향을 주는 미국의 기준금리는 지난 50년간 우하향했으며, 2008년 금융위기 이후에는 제로금리에 접근하는 일까지 발생했다. 이처럼 전반적인 금리 인하는 돈의 힘을 약화시켜서 위기를 만나면 안전자산으로의 극단적인 쏠림 현상과 양극화를 만들어 낸다. 또한 반복되는 위기는 극단적인 통화 정책, 즉 급격한 금리 인상이나 급격한 금리 인하를 만들어 내면서 자

딱 1억만 모읍시다

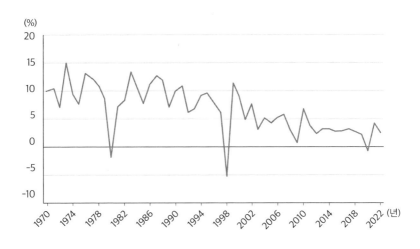

◇ 점점 낮아지는 대한민국 경제 성장률 ◇

출처: 한국은행, 통계청

산 시장의 변동성을 더욱 더 키우고 있다.

지난 50년간 미국의 기준금리 변화를 살펴보면 여러 차례에 걸쳐 급격한 금리 인상이 있었다. 다음 페이지의 그림에서 회색으로 표시되는 부분은 경기 침체 시기를 표시한 것으로 대부분 급격한 금리 인상이 있은 후 얼마 지나지 않아 경기 침체가 찾아오는 패턴이 반복되었다. 1981년과 1987년 있었던 금리인상 후에는 2차 오일쇼크와 걸프전과 같은 위기가 터지면서 경기 침체가 미국을 덮쳤고, 1994년 금리 인상 후에는 비록 미국의 경기 침체는 더디 왔으나 그에 앞서 우리나라를 포함한 동아시아의 신흥국들에 달러 유동성 위기인 IMF 외환위기가 찾아왔다. 그리고 2004년 금리 인상 후에는 미국의 리먼 브라더스 파산으로 미국발 금융위기가 터졌다. 2017년의 금리

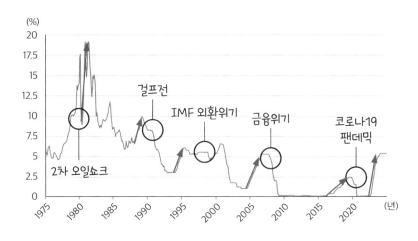

◇ 지난 50년간의 미국 기준금리 ◇

걸프전

IMF 외환위기

금융위기

코로나19
팬데믹

2차 오일쇼크

출처: FREDFederal Reserve Economic Data

인상 후에는 금리 탓은 아니겠지만 공교롭게도 코로나19 팬데믹이
있었다.

그렇다면 2022년부터 시작된 급격한 금리 인상 후에는 또 어떤
일이 벌어질까? 미국의 급격한 금리 인상은 당장은 미국 경제에 긍
정적인 영향을 줄 수도 있다. 달러화 강세는 미국의 대외 구매력을
높이고 그만큼 수입물가가 낮아지면서 인플레이션 억제에 도움이
될 수 있기 때문이다. 하지만 급격한 달러가치의 상승은 역사적으로
미국 외 다른 나라들의 물가 불안과 경기 침체를 유발했으며 시차를
두고 어김없이 미국 경제에 안 좋은 영향으로 부메랑이 되어 돌아왔
다. 이 점을 생각하면 최근 급격한 미국의 금리 인상도 어떤 결론을

가져올지 조심스럽게 지켜보아야만 할 것이다.

　잦은 위기와 통화 정책의 변화는 자산 가격이 펀더멘털보다는 통화 정책에 따른 시장의 유동성에 과도하게 영향을 받는 시장으로 만들어 버렸다. 지금 여러분이 주식 투자를 하고 있다면 투자하고 있는 유망한 종목도 대부분 통화 정책과 미래 기대감으로 가격이 오르는 모양새일 가능성이 높다. 올인해서 엄청난 투자 성공을 거둘 수도 있지만 복구 불가능한 손실을 입을 수도 있는 이유가 바로 이 때문이다.

심화되는 자산 시장의 양극화

잦은 경기 침체와 극단적인 통화 정책의 변화, 그리고 초저성장 경제가 만들어 내는 결론은 결국 양극화다. 자산 시장에서의 양극화는 쉽게 서울과 지방의 집값 차이라고 그 개념을 설명할 수 있다. 부동산 시장에 돈이 몰릴 때 상위 입지와 하위 입지 중 비싸더라도 좀 더 가격 안정성이 높은 상위입지에만 돈이 쏠리고 가격 격차가 벌어지는 현상이다. 이러한 양극화는 주식 시장에서도 나타나는데, 가치주보다는 성장주에 과도하게 돈이 몰리는 현상이 바로 그것이다. 그렇다면 자산 시장의 양극화 이유는 무엇일까? 여러 이유가 있지만 크게 2가지로 요약할 수 있다.

고소득자와 저소득자는 소득 상승률이 같아도 잉여소득이 달라진다

고소득자와 저소득자는 소득 상승률이 같아도 잉여소득이 달라지는 이유는 간단히 말해서 월 300만 원 버는 사람과 월 3,000만 원 버는 사람의 자산이 쌓이는 속도가 다르기 때문이다. 월 300만 원 버는 사람의 소득이 10% 상승할 때, 상승분 30만 원은 흐지부지 빛의 속도로 소비할 가능성이 높다. 즉 소득 성장이 잉여소득의 증가로 이어지지 못한다는 말이다. 반면 월 3,000만 원 버는 사람의 소득이 10% 상승할 때, 상승분 300만 원은 적은 금액이 아니므로 모두 소비되지 못하고 잉여소득으로 쌓일 가능성이 높다. 소득이 높다고 하루 4~5끼 먹는 것도 아니고 옷을 여러 벌 갈아입지 않는다. 고소득자와 저소득자의 소득 상승률이 동일하다는 가정하에서도 이럴진대, 고소득자의 소득 상승률이 높다면 그 차이는 더 벌어질 수 있다.

이처럼 고소득자일수록 잉여소득이 많이 쌓일 수밖에 없는데 이런 잉여소득은 결국 자산으로 흘러들어 간다. 고소득자가 들고 다니는 가방이 비싸지고 고소득자가 타는 차가 비싸지는 이유가 여기에 있다. 그리고 결정적으로 고소득자가 살고 싶어 하는 집은 좀 더 높은 가격 상승률을 보이게 된다. 실제로 2020~2021년 급격하게 상승한 아파트값은 2022년 금리 인상이 본격화되면서 큰 조정을 받았지만, 그 당시에도 신고가를 기록한 아파트가 나타나서 모두를 놀라게 했었다. 대세 하락기에도 무풍지대로 통하며 신고가를 기록했던 곳은 다름 아닌 100억 원이 넘는 청담동과 한남동의 고가 주택들이었다. 근본적으로 고소득자인 수요자들이 경제 변수에 영향을 받지 않

딱 1억만 모읍시다

는다는 반증이다.

저성장 경제에서는 위험을 회피하려는 성향이 강해진다

최근 금리 인상이 있었지만 2008년 이후 발생한 잦은 위기에 지난 10년간은 초저금리가 계속되었다. 돈은 자연스럽게 안정적인 수익을 낼 수 있는 안전자산으로 숨어들기 시작했다. 장기적으로는 불확실하더라도 지금 저평가된 자산에 투자되는 게 일반적이지만, 경제 성장률이 낮아지고 위기가 반복되면 달러나 금과 같은 안전자산, 그러니까 지금 시장에서 비싸더라도 안전한 자산에 끝없이 돈이 몰려드는 것이다. 이미 비싸졌지만 메가 트렌드를 주도하는 주도주 몇 개 종목, 서울 내 상위 입지의 몇 개 아파트에 돈이 몰리는 현상이 양극화를 진행시키는 주요 원인 중 하나다.

 ## 수도권초집중화와 지방소멸로 심화되는 거주지의 양극화

국토교통부와 한국국토정보공사가 2023년 발표한 '2022년 도시계획현황'에 따르면 우리나라는 16.7%의 도시 면적에 전체 인구의 92%가 몰려 살고 있다. 하지만 최근 서울 인구가 1,000만 명선이 깨지고 2021년 950만 명대로 내려오더니 2024년 7월 936만 명대까지 낮아져서 수도권초집중화가 완화되는 게 아닌가 하는 모습을 보이기도 했다. 그러나 같은 시기 경기도의 인구를 보면 2021년 1,356만 명대를 넘은 뒤에도 계속 증가해 2024년 7월 1,367만 명으로 증가 추세에 있으며, 수도권으로 분류되는 인천 또한 2021년 295만 명대에서 2024년 7월 301만 명대에 육박하고 있다. 이에 따르면 서울 인구의 감소가 수도권초집중화의 완화라고 볼 수는 없다.

통계청이 제공하는 '통계지리정보서비스'에서 현재의 출산율과 평균 기대 여명을 가지고 추산한 대한민국 미래의 인구 추계를 살펴보면, 1980년대생이 노인이 되는 2050년 대한민국의 인구는 4,711만 명대로 2023년 기준 5,171만 명대에 비해 약 8.9%가 감소하는 것으로 예상되었다. 이 수치는 앞으로 인구가 급격하게 줄지 않는다는 것을 보여주는 자료다. 인구가 급격히 줄지 않는 이유는 저출산 문제는 심각하지만 비약적인 평균 수명의 증가로 인구 감소 속도가 생각보다 더딜 수 있기 때문이다. 그뿐만 아니라 2023년 한국고용정보원이 발간한 '지역산업과 고용'에 따르면 지방소멸위험지역은 2023년 2월 기준 118곳으로 228개 시군구의 약 52%를 차지했으며, 특히 소멸위험지수가 0.2 미만인 소멸고위험지역이 51곳으로 크게 증가했다. 인구는 급격히 줄지 않는데 지방소멸의 문제로 지방 거주 인구가 급격히 줄게 될 것을 예상할 수 있다.

농담처럼 '은퇴하고 노후에는 한적한 자연을 벗 삼아 도시를 떠나 살아야지'라고 말하지만 그런 일이 과연 가능할지는 다시 생각해보아야 한다. 지금의 엄청난 고물가 환경에서 사회활동의 연장 없이 소비만 하면서 살아갈 수 있을까? 근본적으로 불가능하다는 결론이 쉽게 나온다. 결국 낮은 소득의 일자리라도 구하고자 더욱 도시로 몰려들 수밖에 없을 것이다.

만약 인구 감소는 완만히 이루어지는데 수도권초집중화와 지방 소멸이 가속화된다면 어떨까? 즉 지금의 수도권이나 일부 광역시를 제외한 지역의 인구가 소멸되는 슬럼화가 진행된다면 미래에 발생할 수 있는 가장 큰 문제는 바로 '보안 문제'일 것이다. 보안 문제는 거주지의 양극화로 이어질 가능성이 높다. 소득이 높고 자산이 많은 부자들이 선호하는 주거지에서 가장 중요한 요소는 바로 보안이기 때문이다.

실제로 유럽의 부자들이 가장 선호하는 도시는 로마, 파리, 런던, 베를린과 같이 잘 알려진 도시들이 아니다. 의외로 부자들이 선호하는 도시 1위는 바로 스위스의 제네바다. 제네바는 유럽에서 가장 살인적인 물가 수준으로 유명한데, 그럼에도 부자들이 가장 선호하는 도시가 된 이유는 바로 높은 물가로 외국인 노동자가 적다는 이유 때문이다. 외국인 노동자 수와 보안이 100% 관련이 있는 건 아니지만 어느 정도 관련이 있다는 인식이 있다.

우리나라도 같은 이유로 지역 간 양극화는 물론이고 가격 장벽이 생기는 배타적인 지역이 생길 수 있다. 사실 지금도 그런 곳이 많이 생겼다. 보안 검색을 통과해 차를 타고 아파트 지하 주차장으로 들어가면 엘리베이터를 타고 곧바로 집까지 이동하고, 아파트 커뮤니티 센터에서 운동하고 식사하는 등, 외부와는 단절되었지만 오히려 안전하고 편하게 생활할 수 있는 폐쇄적인 인프라가 갖추어진 아파트가 많다.

　이제 양극화, 수도권초집중화, 지방소멸은 어쩌면 미래의 변수가 아니라 상수가 되어 버린 듯하다. 돈쭐남은 1990년대, 2000년대 생들에게 자주 질문하곤 한다. "지금의 문제는 해결될 수 있을까요?" 돈쭐남이 그들에게 그런 질문을 자주하는 이유는 그들이 바로 이 문제를 해결해야만 하는 세대이기 때문이다. 하지만 그들의 대답은 언제나 늘 단호하고, 반응은 싸늘하다. "절대 해결되지 않을 거예요!" 그 답이 얼마나 단호한지 추가 질문을 하기가 어려울 정도다. 하지만 절대로 외면해서는 안 되는 문제다. 피할 수 없는 숙명일지라도 마냥 손 놓고 대책 마련 없이 마주할 문제가 아니다. 완전 해결은 힘들지라도 이 현상을 완화시킬 대책을 모두가 고민해야만 한다.

딱 1억만 모읍시다

대한민국 부동산 시장의 미래: 아파트의 재부상

💰 소중한 것들의 안전을 보장해 주는 아파트의 재부상

돈쭐남은 1990년대 말 20대이던 시절에 특이한 경험을 한 적이 있다. 당시 회사의 교육훈련 프로그램으로 S전자 가전 제품을 방문 판매했다. 양복을 입고 가방을 든 외간 남자가 주택가를 돌아다니며 가전 제품을 판매하겠다고 한 집씩 문을 두드리거나 벨을 누른 돈쭐남의 모습은 지금 다시 떠올려 보면 참으로 생소한 장면이다. 그런데 정말로 희한하게도 당시 열 집의 문을 두드리면 여덟아홉 집은 문을 열어주었다. 지금 같으면 상상도 안 되는 일이지만 당시에는 정말 그랬다. 손님을 밖에 세워두는 게 미안했는지 일단 집안으로 들어와서 이야기하라고 했던 기억이 난다. 심지어 어떤 집은 엄마들이 모여서 한바탕 웃음꽃을 피우다가 돈쭐남이 방문하자 마침 국수를 말았는데 먹고 가라는 말도 했다. 그러고 보면 25년 전 대한민국은 그런 나라였다. 동네 전체가 현관문을 열고 살았고 이웃들 간에 왕래가 잦았다. 오죽하면 이웃사촌이라는 말이 있었겠는가.

그런데 지금은 다르다. 분명히 우리집에 볼일이 있어서 방문한 택배 기사나 집배원에게조차 문을 열어주지 않는다. 방문하는 집이 아파트라면 일단 주차장 입구의 게이트를 통과한 뒤에 공동현관문을 통과해야 하며, 문 앞까지 이르렀다고 해도 집주인 얼굴을 대면하기는 어렵다. 회사를 가거나 공공장소도 마찬가지다. 모두 보안 키가 있어야만 해서 접근이 쉽지 않다.

보안이란 내가 소중히 여기는 존재의 안전이다. 그러므로 가장이라면 당연히 가족의 안전이 최우선이다. 특히 그중에서도 아내나 딸처럼 여성 가족의 안전에 더 마음이 쓰인다. 심심치 않게 등장하는 강력 범죄 뉴스를 보면 더욱 그렇다. 집을 구할 때 버스 정류장이나 지하철역이 집 앞에 있는지, 집 앞에 있는 골목이 어두컴컴하지 않은지를 따질 수밖에 없다. 어린 자녀가 있다면 집에서 학교까지 안전하게 통학할 수 있는지도 중요하다. 집 주변에 통학이 쉬운 초등학교나 중학교가 있는지, 혹시 학교가 너무 멀리 떨어져 있어서 통학할 때

위험한 찻길을 건너야 하는지 등이 중요한 요소다. 따라서 아파트 단지 안에 학교가 있다면 금상첨화다.

인구 밀도가 높아진 도심에서 이런 문제를 가장 효율적으로 해결하고 최적화한 주택이 바로 아파트다. 아파트를 일컬어 성냥갑이나 닭장 같다는 식의 부정적인 표현도 있지만, 가장 효율적으로 이러한 문제를 해결하면서 안전하게 거주할 수 있는 주택은 아파트뿐이다. 아파트는 나의 안전뿐만 아니라 배우자와 자녀의 안전을 어느 정도 보장할 수 있다. 그뿐만 아니라 아파트 내 지하 주차장에 안전하게 차를 주차하면 골목길에 주차했다가 차를 긁히는 등의 피해를 막을 수 있으므로 내 차의 안전까지 지킬 수 있다.

이러한 이유로 아파트는 원래 빌라 같은 다른 주택에 비해서 비쌌다. 하지만 앞으로 보안의 문제가 더더욱 중요해지면서 아파트의 상대가치는 재부상할 가능성이 높다.

지속적으로 부족한 선호 지역 내 아파트 공급

통계청이 발표한 인구주택총조사 결과에 따르면 2022년 대한민국의 주택 수는 1,916만 호다. 같은 기간 대한민국의 인구가 5,144만 명이니까 평균 2.68명당 주택 1채를 보유하는 셈이다.

인구가 감소하면 전체 주택값은 당연히 낮아진다. 여기서 말하는 주택값이란 지수, 그러니까 전체 주택값의 평균값을 말하는데 안타깝게도 우리는 지금 평균값이 의미가 없는 시대에 살고 있다. 평균이 그 통계 집단의 속성을 제대로 반영하지 못할 만큼 양극화가 나타나고 있기 때문이다. 한 학급의 수학 점수 평균이 70점이라고 해서 그 학급생들의 평균적인 수학 수준을 70점으로 생각하면 절대 안 되는 것과 같다. 100점을 맞은 학생도 있지만 20~30점을 맞은 학생들도 있기 때문에 평균이 70점이 된 것이기 때문이다. 사실 인구가 줄어드는 속도보다 가구 수가 늘어나는 속도가 더 빠르다. 최소한 현재까지는 그렇다. 그리고 앞서 살펴보았듯이 2050년 예상 인구도 생각보다 적지 않은 수치인 4,711만 명이다. 도심의 인구 밀도는 더 높아지고 지방 소멸 속도는 가속화될 가능성이 있다. 따라서 집값은 극단적인 양극화를 피하기 어렵다. 인구가 줄면 주택값이 무조건 낮아질 거라는 생각은 1차원적이다. 수험생 수가 줄어든다고 서울대 입학이 쉬워질리 없는 것과 같은 이치다.

전국의 아파트 비중은 주택의 64%로, 10채의 주택 중에 6채가 조금 넘는 수준이다. 아파트 비중이 높은 지역 순으로 말하면 광주광역시가 약 81%, 그 뒤를 이어 대전, 대구가 약 75%다. 사람들이 가장 선호하는 서울은 아파트를 신축할 신규 택지가 거의 없기 때문에 재건축이나 재개발과 같은 정비 사업에 의존해야만 하는데, 최근 건축비 상승으로 사업 추진이 지지부진하면서 여전히 아파트 공급이 원활하지 않다. 그래서 정작 사람들이 가장 원하는 서울의 아파트 비중은 낮고 신축 아파트는 더더욱 적다고 보아야 한다. 그뿐만 아니라

딱 1억만 모읍시다

아파트는 한꺼번에 당장 공급을 늘리기 어렵다는 특징도 있어, 사람들이 가장 선호하는 서울의 아파트 공급은 지속적으로 부족할 수밖에 없다.

◇ 2022년 전국 주택 수 현황 ◇

구분	인구	주택 수	아파트 수	아파트 비중
전국	5,143만 9,038명	1,995만 5,585호	1,226만 8,973호	64%
서울특별시	942만 8,372명	311만 1,323호	185만 1,242호	59.5%
경기도	1,358만 9,432명	472만 5,372호	335만 8,597호	71.1%
인천광역시	296만 7,314명	108만 7,837호	71만 7,820호	66%
부산광역시	331만 7,812명	130만 8,294호	89만 8,404호	68.7%
대구광역시	236만 3,691명	83만 4,637호	62만 7,191호	75.1%
광주광역시	143만 1,050명	55만 5,185호	45만 1,265호	81.3%
대전광역시	144만 6,072명	51만 178호	38만 3,514호	75.2%
울산광역시	111만 663명	40만 155호	29만 5,539호	73.9%

출처: 통계청, KOSIS

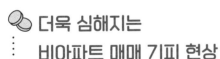

더욱 심해지는
비아파트 매매 기피 현상

2023년 주택 매매 거래에서 아파트가 차지하는 비중이 2006년 이후 가장 높은 수준으로 나타났다. 전세 보증금 미반환 위험 때문에 비아파트 기피 현상이 두드러지면서 발생한 일이다. 한국부동산원의 분석에 따르면 2023년 전국 주택 매매 거래는 55만 5,054건이었는데 이 가운데 아파트가 41만 1,812건으로 전체의 74.2%를 차지했다. 이 말은 단독 주택, 빌라 등 비아파트 매매 거래 비중은 25.8%밖에 안 된다는 말이다. 이처럼 아파트 매매 거래 쏠림 현상은 수요-공급 법칙에 따라 비아파트의 가격 하락을 부축일 수 밖에 없다.

한국부동산원의 자료에 따르면 2022년에는 2021년까지 치솟았던 아파트값에 영향으로 수요자들이 상대적으로 저렴한 비아파트로 눈을 돌리면서 전국 주택 매매 거래에서 비아파트가 차지하는 비중이 41.3%까지 치솟기도 했다.

하지만 이는 일시적인 현상이었다. 전세 사기와 보증금 미반환 위험의 증가로 비아파트 기피 현상이 심화되고 더욱 더 아파트로 수요가 몰렸다. 그뿐만 아니라 국토교통부에 따르면 2024년 1~5월에 서울에 준공한 비아파트는 같은 기간 대비 절반 이하로 급감했으며, 인허가 수도 줄었다. 이 또한 비아파트 비선호 현상을 보여주는 수치다.

똘똘한 집 1채, 즉 아파트 선호 현상으로 이렇게 비아파트의 거래가 위축되면 비아파트의 환금성은 낮아져 아파트와 비아파트의 양극화는 앞으로 더욱 심화될 수 밖에 없다.

대한민국 아파트의 가치를
결정하는 요소

앞서 선호 지역의 아파트 선호 현상이 점점 더 두드러지고 있다고 했다. 입지는 위치하는 곳을 의미하므로 아파트 입지는 중요한 아파트값 결정 요소다. 다만 아파트 입지가 중요하기는 하지만 아파트값은 입지만으로 결정되지는 않는다. 특히나 서울에서는 신축 아파트가 귀하기 때문에 입지에 관계없이 신축 아파트라면 가격이 높을 수 밖에 없다.

하지만 미래에 똘똘한 아파트 1채 보유를 꿈꾸는 사람이라면 실거주를 목적으로 한다고 해도 미래 아파트값을 신경 쓰지 않을 수 없다. 아파트를 구입하는 일은 엄청나게 큰돈이 들어가는 일이기 때문이다. 신축 아파트는 시간이 지나면 그 가치가 낮아지고 감가된다. 지금은 새 아파트지만 시간이 지나면 헌 아파트가 되기 때문에 당연한 일이다. 이에 비해서 입지는 시간이 지나도 달라지지 않는다는 특징 때문에, 같은 값이면 신축 아파트보다는 위치가 좋은 아파트를 선택하는 게 미래에 더 유리할 수 있다.

돈쭐남이 말하는 1억 원을 모아야 하는 가장 큰 이유 중 하나가 내 집 마련이므로, 당연히 좋은 집을 사기 위해 고려해야 할 것을 이야기하지 않을 수 없다. 돈쭐남이 말하는 집은 당연히 아파트다. 그러므로 이제부터 아파트의 가치를 결정하는 요소를 설명하겠다.

아파트값을 결정하는 것: (1) 투자가치

투자가치는 미래에 아파트값이 크게 상승할 거란 기대감을 현재 가격이 반영하고 있는 것으로, 흔히 '갭Gap'이라고 한다. 그러니까 집을 사는 사람은 집을 사용하면서 누릴 수 있는 사용가치의 금액인 전세가보다 갭만큼의 돈을 더 주고 소유권을 가지는 것이다.

갭이 크다는 것은 이 집값이 미래에 더 오른다는 기대감을 크게 반영하고 있다는 뜻이 된다. 보통 지방보다는 서울이, 오피스텔보다는 아파트의 갭이 큰 이유가 이 때문이다.

　　　　　　　　　　딱 1억만 모읍시다

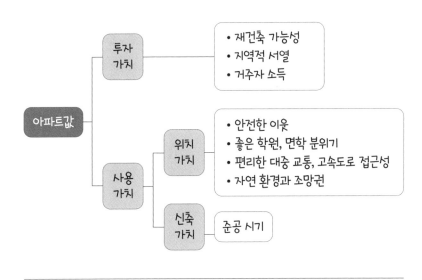

추가로 투자가치를 결정하는 요소에 거주자의 소득이 있는데, 거주자 소득이 높으면 임대인이 빠르게 임대료를 높일 수 있기 때문에 보통 거주자 소득이 높으면 투자가치가 높다고 평가한다.

🪙 아파트값을 결정하는 것: (2) 위치가치

반면에 오로지 사용가치, 그러니까 살면서 누릴 수 있는 가치가 반영된 게 전세가다. 따라서 입지에 대한 평가가 그대로 반영된 것은 매매가라기보다는 전세가다. 전세가가 높은 순으로 입지가 좋다고 보면 정확하다. 전세가는 말 그대로 얼마나 새 집인지, 그리고 얼마나 위치가 좋은지를 보여주는, 다시 말해 얼마나 살기 좋은지를 반영한 가격이다. 입지란 사용가치 중 바로 위치가치를 말하는 것이다. 위치가치는 신축가치에 비해서 감가되지 않기 때문에 이 입지를 보는 안목이 매우 중요하다.

위치가치(입지)를 높이는 요소는 크게 4가지다.

안전한 이웃

안전한 이웃이란 말은 단순히 낮은 범죄율만 기대하는 표현이 아니라 심리적·정서적인 안정을 줄 수 있는 이웃을 말한다. 앞서 유럽에서 부자들이 가장 선호하는 도시가 제네바인 이유를 설명했던 것과 같은 이유다. 외국인 노동자나 저소득층, 실업자, 사회 부적응자가 적으면 무조건 범죄율이 낮다는 통계는 없어도 이런 이웃이 적은 동네를 선호한다. 편견이라 생각할 수도 있지만 이웃이 어떤 직업을 가지고, 어떤 가정 환경에서 살고 있으며, 소득이 얼마나 되는 사람이냐에 따라 위치가치가 달라는 게 현실이다.

좋은 학원, 면학 분위기

소득이 높은 가정이 많다면 당연히 교육열이 높고 좋은 학원들이 생겨나기 마련이다. 반에서 꼴등인 학생이라도 대다수의 학생이 열심히 공부하는 학교는 좋은 면학 분위기가 잘 조성된 학교라고 할 수

딱 1억만 모읍시다

있다. 최근 명문대 진학생의 출신 학교를 살펴보면 일반고보다는 특목고의 비중이 높다 보니 특목고 진학에 유리한 면학 분위기가 더 중요해졌다. 일반고는 근거리 기반으로 무작위 추첨해서 배정되기 때문에 학교마다 면학 분위기가 천차만별이라 그간 고등학교 학군이 가장 중요하게 여겨졌다. 그러나 특목고의 명문대 진학률이 월등히 높아짐에 따라 고등학교 학군보다는 특목고 진학을 결정하는 초등학교와 중학교 학군이 더 중요시되는 분위기다. 즉 고등학교 학군보다는 초등학교와 중학교 학군이 아파트 위치가치를 결정한다.

편리한 대중 교통, 고속도로 접근성

교통은 아파트 위치가치를 좌우하는 핵심 요소라고 볼 수 있다. 특히 수도권 외곽에 위치한 상대적으로 저렴한 아파트나, 서울이라고 해도 상대적으로 가격이 낮은 곳은 교통 문제가 개선되면 가격이 크게 오를 가능성이 높다.

여기서 말하는 교통이란 대중 교통을 말하며, 얼마나 빠르게 좋은 일자리로 접근할 수 있는지에 따라 아파트의 위치가치가 결정된다. 서울 내 좋은 일자리가 집중되어 있고, 상업 시설이 복합적으로 밀집된 곳을 중심 상권 지역CBD, Central Business District이라고 하는데 대표적으로 여의도, 광화문, 강남 등이 있다. 서울은 아니지만 서울 근처 경기도 중에서는 판교가 있다. 이곳으로 빠르게 접근할 수 있다면 집 값이 높을 수 밖에 없다.

그뿐만 아니라 지방으로의 접근이 빠르고 용이한 고속도로 접근성도 아파트의 위치가치를 높이는 요소다. 지방을 가는 이유는 여러 가지가 있지만, 우선 놀러가려는 목적이 가장 크다. 즉 고속도로가 가까이 있으면 경제적으로 여유로운 사람들이 여가를 즐기기 위해 지방으로 갈 때 편리하게 움직일 수 있다는 장점이 있다. 고속도로가 근처에 있다면 서울의 중심 상권 지역으로 쉽게 이동할 수 있는 것도 큰 장점이기에 고속도로 접근성은 아파트 위치가치를 높이는 요소다.

자연 환경과 조망권

아파트에서 갖출 수 있는 자연 환경은 크게 2가지로, 바로 물과 공원이다. 빽빽한 빌딩숲과 회색빛 도시에서 생활하다 보면 거주지는 자연 환경이 잘 갖추어진 곳을 선호하게 된다. 따라서 푸른 녹지나 맑은 강, 하천에 있는 아파트는 인기가 좋다.

하지만 푸른 녹지라고 해서 산을 생각하면 안 된다. 산은 때로는 불편한 거주지 요소이기도 하다. 서울의 부촌 중 하나인 한남동은 남산 기슭에 자리 잡고 있지만, 산에 위치했다는 것보다 한강이 내려다보이는 위치 때문에 부촌이 된 것이다. 그리고 과거 부자들의 별장이나 외국 대사관들이 산에 자리 잡고 있어서 '부자들이 선호하는 프라이빗한 공간'이란 이미지도 한남동이 부촌이 되는 데 한몫했다고 볼 수 있다. 따라서 한남동은 좀 특별한 경우라고 볼 수 있다. 기본적으로 평지가 아닌 산에 위치한 지역은 사는 데 불편한 점이 많다.

앞서 설명한 안전한 이웃, 좋은 학원과 면학 분위기 그리고 편리

딱 1억만 모읍시다

한 대중 교통과 고속도로 접근성은 좋은 입지 요소인데, 이런 요소가 모두 잘 갖추어진 상태에서 물과 공원까지 있다면 그 지역은 말 그대로 프리미엄 지역이 된다. 대표적으로 서울의 강남과 서초는 안전한 이웃, 좋은 학원과 면학 분위기, 편리한 대중 교통과 높은 고속도로 접근성을 모두 가지고 있으면서도 한강 공원이나 양재천 같은 물과 공원까지 있어서 프리미엄 지역이 된 것이다.

🪙 아파트값을 결정하는 것: (3) 신축가치

신축가치는 앞에서 설명했듯이 준공 시기에 따라 결정되는 가치다. 즉 새 아파트일수록 아파트값은 비싸다. 다만 시간이 흐를수록 감가되기 때문에 신축가치를 투자 판단 근거로 삼아서는 안 된다. 모든 것은 시간이 지나면 낡아지고, 더 좋은 새로운 것이 생기기 때문이다.

동일한 평형, 동일한 매매 가격대, 동일한 연식의 아파트를 비교할 때 위에서 설명한 위치가치를 종합적으로 평가해서 점수를 매겨보자. 동일한 매매 가격대의 아파트지만 더 높은 점수가 나오는 아파트는 분명히 전세가율이 높거나 아니면 전세가가 높을 것이다. 만일 본인이 높은 점수를 준 아파트임에도 상대적으로 전세가율이나 전세가가 높지 않다면 임장에 문제가 있을 수 있다. 직접 현장을 방문해서 둘러보고 아파트의 내부까지 보는 오프라인 임장도 중요하지만, 그보다는 부동산 사이트에서 아파트를 둘러싼 주변 환경을 지도로 보거나 로드뷰로 아파트 주변 시설들의 모습을 보는 게 무척 도움이 된다. 내 집 마련을 위한 아파트 임장 시에는 이런 방식의 사이버 임장을 꼭 해보길 권한다.

딱 1억만 모읍시다

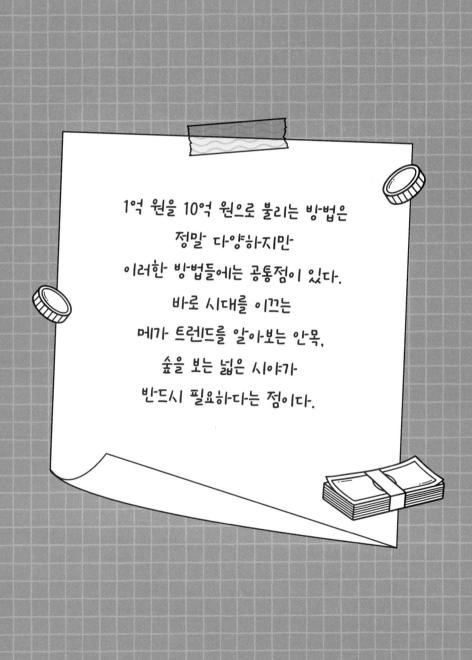

1억 원을 10억 원으로 불리는 방법은
정말 다양하지만
이러한 방법들에는 공통점이 있다.
바로 시대를 이끄는
메가 트런드를 알아보는 안목,
숲을 보는 넓은 시야가
반드시 필요하다는 점이다.

의심하지 말고
일단 시작하라!

현대인은 엄청난 정보의 홍수 속에서 살고 있다. 정보가 많으면 다양한 선택지가 있어 유용하지만, 때로는 빠르고 단호한 결정을 방해하기도 한다. 어떤 정보도, 어떤 결정의 근거도 다 반론이 있기 마련이고 그것들은 빠른 행동을 방해하는 핑계가 된다. 돈쭐남이 만나본 수많은 사람이 1억 원 모으기의 중요성에 대부분 동의하지만, 이것을 바로 실천에 옮기기까지는 상당한 시간이 걸린 데에는 이러한 이유도 큰 비중을 차지한다. 분명한 것은 1억 원 모으기의 여정을 하루라도 빨리 시작한 사람일수록 그만큼 빨리 손에 1억 원을 쥘 수 있다는

딱 1억만 모읍시다

사실이다. 행동하지 않으면 아무것도 바뀌지 않는다.

돈쭐남이 젊었을 때는 아무도 이런 이야기를 해주지 않았다. 하지만 정말 우연한 기회에 아주 강력한 저축을 시작했고 그 저축이 주는 묘한 성취감과 매력에 빠져 입사 후 6년 만에 1억 원이란 목돈을 만들었다. 돈쭐남은 1990년대 후반에 첫 월급으로 155만 원 정도를 받았다(재형 저축을 공제한 금액이다). 그리고 그중에서 124만 원을 저축했다. 월급 대비 많은 금액을 저축하다 보니 매달 31만 원밖에 남지 않았지만, 강력한 저축 의지를 가지고 31만 원으로 생활했고 그때부터 기른 저축 근력은 현재의 돈쭐남을 만들었다.

당시 돈쭐남의 집안 형편은 좋지 않았지만 부모님과 함께 살며 어머니께서 해주시는 밥을 먹으면서 회사에 다녔다. '31만 원 가지고 어떻게 살았을까?' 하며 고개를 절레절레하는 사람도 있겠지만, 당시에는 인터넷과 스마트폰이 없었고 음식 배달이나 택배도 없었다. 그뿐만 아니라 지금과 다르게 매주 토요일도 출근했다. 6일 내내 회사에 매이다 보니 일요일 하루는 종일 쓰러져 밀린 잠을 자기 일쑤였다. 한마디로 지금과 달리 돈을 쓸 곳과 시간이 없었다.

이렇게 말하고 보니 '지금 우리 손에 들려 있는 휴대폰만 없어도 누구나 쉽게 1억 원 모으기에 성공할 수 있겠구나' 하는 생각이 들기도 한다. 하지만 그렇다고 당시에 모든 사람이 이렇게 강력한 저축을 한 것은 아니다. 또 당시에도 돈을 쓰는 사람들은 나름대로 소비의 이유가 있었을 것이다.

돈쭐남이 1억 원 모으기를 강조하는 이유는 간단하다. 누구나 재테크 성공을 꿈꾸며 경제적 안정이라는 항구에 도달하고 싶어 한다. 그렇다면 일단은 그 목표를 향해 배가 출항해야 하는데, 많은 사람이 출항 자체를 하지 않아 그 목표 지점에 도달하지 못한다. 돈쭐남은 1억 원 모으기를 출항이라고 생각한다. 우선 출항을 해야 항구에 도달할 수 있지 않겠는가?

이 책 전반에 걸쳐 강조한 이야기지만 1억 원을 자신의 손으로 모아본 사람은 절대 재테크에 실패하지 않을 것이다. 1억 원을 모으는 동안 엄청나게 성장하고 삶의 태도가 변화하기 때문이다. 일단 시도하고 열심히 노력한 사람에게는 분명 좋은 기회가 온다. 일단 1억 원 모으기를 시작한 여러분에게 언젠가 선물로 찾아온 그 기회를 반드시 잡길 바란다.

일단 시작하라!
그러면 당신을 경제적 자유로 이끌 일생일대의 기회가
당신에게 선물처럼 찾아갈 것이다.

– 돈쭐남

딱 1억만 모읍시다

딱 1억만 모읍시다

초판 1쇄 발행 2024년 10월 16일
초판 5쇄 발행 2025년 1월 21일

지은이 김경필
브랜드 경이로움
출판 총괄 안대현
책임편집 정은솔
편집 김효주, 심보경, 이제호
마케팅 김윤성
표지디자인 김지혜
표지일러스트 김태균(@kyoon.works)
본문디자인 윤지은

발행인 김의현
발행처 (주)사이다경제
출판등록 제2021-000224호(2021년 7월 8일)
주소 서울특별시 강남구 테헤란로33길 13-3, 7층(역삼동)
홈페이지 cidermics.com
이메일 gyeongiloumbooks@gmail.com(출간 문의)
전화 02-2088-1804 **팩스** 02-2088-5813
종이 다올페이퍼 **인쇄** 재영피앤비
ISBN 979-11-92445-89-2 (03320)